诵读与书写
（上册）

顾　问　王福山　苏君礼
主　编　赵丽宏
副主编　岳学丽　李　洋
编　委　贾立梅　路　斌　葛兰宁
　　　　赵文荣　赵秦松　赵玉红

北京理工大学出版社
BEIJING INSTITUTE OF TECHNOLOGY PRESS

版权专有　侵权必究

图书在版编目（CIP）数据

诵读与书写. 上册 / 赵丽宏主编. —北京：北京理工大学出版社，2021.9重印
ISBN 978-7-5682-5907-1

Ⅰ. ①诵… Ⅱ. ①赵… Ⅲ. ①阅读课-中等专业学校-教材　②书法课-中等专业学校-教材　Ⅳ. ①G634

中国版本图书馆CIP数据核字（2018）第161594号

出版发行 / 北京理工大学出版社有限责任公司	
社　　址 / 北京市海淀区中关村南大街5号	
邮　　编 / 100081	
电　　话 /（010）68914775（总编室）	
（010）82562903（教材售后服务热线）	
（010）68944723（其他图书服务热线）	
网　　址 / http://www.bitpress.com.cn	
经　　销 / 全国各地新华书店	
印　　刷 / 定州市新华印刷有限公司	
开　　本 / 787毫米×1092毫米　1/16	
印　　张 / 9	责任编辑 / 刘永兵
字　　数 / 140千字	文案编辑 / 刘永兵
版　　次 / 2021年9月第1版第2次印刷	责任校对 / 周瑞红
定　　价 / 25.00元	责任印制 / 边心超

图书出现印装质量问题，请拨打售后服务热线，本社负责调换

序言

　　文化是民族的符号。中华民族虽历尽沧桑，仍然昂首屹立于世界民族之林，文化的薪火相传厥功至伟。党的十八大明确提出，全面建成小康社会，实现中华民族伟大复兴，必须发挥文化引领风尚、教育人民、服务社会、推动发展的作用。要加强社会主义核心价值体系建设，在公民层面，倡导爱国、敬业、诚信、友善的核心价值观。要建设优秀传统文化传承体系，弘扬中华民族优秀传统文化，推广和规范使用国家通用语言文字，引领群众在文化建设中自我表现、自我教育、自我服务，开展全民阅读活动。

　　学校是文化传承的重要场所。作为国家级语言文字规范化示范学校，我校肩负着培养学生社会主义核心价值观、弘扬中华民族优秀传统文化、推广和规范使用国家通用语言文字的责任和使命。为此，我们编写《诵读与书写》这本教材，作为学校显性课程的有益补充。全书共分上下两册，选择先哲警句、伟人格言、诗词精粹、妙文华章四类文体，上册体现明礼诚信、友善谦和、感恩尚义、崇俭养德、尽孝爱国五个主题，下册体现勤奋自强、敬业奉献、团结协作、创新进取、精益求精五个主题。所选的诗词、文章不仅是语言文字运用的典范和精华，更是文学宝库中的奇葩瑰宝。它们所蕴含的深邃思想、挺拔风骨和婉约情致，千百年来弥散着无穷的文化魅力，所凝聚的连珠妙语，至今为世人所传诵。相信同学们在诵读的过程中，一定能够感受到文字的灵动与雅致，感受到精神的激越与厚重。当然，你也一定会惊讶于语言的神奇与不朽。

　　古人云"不动笔墨不读书"。在这本教材中，我们把诵读与书写结合起来，编辑临摹字帖，让同学们从横撇竖捺练起，在流转顿挫中静心养性，在抄写经典中吸收文化的精髓，同时，在教材中引用互联网+技术，同学们扫书中二维码，即可观看朗读、书写技巧的教学视频，收听文章诗词的朗读音频。手脑并用，日积月累，你收获的不仅是知识与技能，更多的是做人的道理和对人生的理解。

雅言传承文明，经典浸润人生。读书写字是一个砺志、炼心、启智的过程。同学们，勤学苦练会让我们梦想成真，嬉戏懒散会使人生百事荒芜。开卷有益，聪明的你，请在青春的黄金时刻，每天拿出30分钟，诵读经典，提笔书写，持之以恒，做足生命启航的铺垫，打好人生大厦的根基！

编 者

CONTENTS 目录

第一单元 明礼诚信

先哲警句 ·· 2
名人名言 ·· 6
诗词精粹 ·· 8
    无题（李商隐）······································ 8
    定风波（苏轼）······································ 8
    我爱这土地（艾青）·································· 9
    致橡树（舒婷）······································ 10
    再别康桥（徐志摩）·································· 12
妙文华章 ·· 14
    诚信与文明——中国梦的价值基石（任平）·············· 14
    被人相信是一种幸福（李培东）························ 16
    一个关于诚信的异域故事（刘勇）······················ 17
    贵人思想（林清玄）·································· 18
硬笔楷书的特点及笔画书写技巧 ································ 20
阅读及书写任务 ·· 23

第二单元 友善谦和

先哲警句 ·· 26
名人名言 ·· 29
诗词精粹 ·· 31
    静夜思（李白）······································ 31
    登鹳雀楼（王之涣）·································· 31

面朝大海，春暖花开（海子）……………………………… 32

　　假如生活欺骗了你（普希金）……………………………… 33

　　我就是我（汪国真）………………………………………… 34

妙文华章 ………………………………………………………… 35

　　从一个微笑开始（刘心武）………………………………… 35

　　最苦与最乐（梁启超）……………………………………… 37

　　受人欢迎的四句话（星云大师）…………………………… 39

　　善待地球，善待生灵（珍·古道尔）……………………… 40

　　永不贬值的财富（张正直）………………………………… 42

硬笔楷书笔画书写技巧………………………………………… 43

阅读及书写任务………………………………………………… 45

第三单元　感恩尚义

先哲警句………………………………………………………… 47

名人名言………………………………………………………… 50

诗词精粹………………………………………………………… 52

　　悯农（李绅）………………………………………………… 52

　　清明（杜牧）………………………………………………… 52

　　回乡偶书（贺知章）………………………………………… 52

　　我骄傲我是中国人（王怀让）……………………………… 53

　　囚歌（叶挺）………………………………………………… 56

　　可爱的中国（节选）（方志敏）…………………………… 57

妙文华章………………………………………………………… 59

　　荷叶母亲（冰心）…………………………………………… 59

　　感恩的心（节选）（林清玄）……………………………… 60

　　母亲（莫言）………………………………………………… 61

　　人这一辈子（石钟山）……………………………………… 63

　　散步（莫怀戚）……………………………………………… 65

　　用感恩的心去工作（唐朝）………………………………… 66

硬笔楷书笔画书写技巧 ……………………………………… 72
阅读及书写任务 …………………………………………… 73

第四单元 崇俭尚德

先哲警句 …………………………………………………… 75
名人名言 …………………………………………………… 78
诗词精粹 …………………………………………………… 80
  竹石（郑燮） …………………………………………… 80
  凉州词（王翰） ………………………………………… 80
  长歌行（汉乐府） ……………………………………… 80
  热爱生命（汪国真） …………………………………… 81
  我微笑着走向生活（汪国真） ………………………… 82
  香山红叶（国风） ……………………………………… 83
妙文华章 …………………………………………………… 85
  低碳生活50条准则（张凌凌） ………………………… 85
  我生长在一个富裕的家庭（埃迪·奥格恩） ………… 88
  相貌和心灵（周国平） ………………………………… 91
  读书人是幸福人（谢冕） ……………………………… 93
硬笔楷书笔画书写技巧 ……………………………………… 94
  阅读及书写任务 ………………………………………… 95

第五单元 尽孝爱国

先哲警句 …………………………………………………… 97
名人名言 …………………………………………………… 100
诗词精粹 …………………………………………………… 102
  游子吟（孟郊） ………………………………………… 102
  过零丁洋（文天祥） …………………………………… 102
  长江之歌（胡宏伟） …………………………………… 103
  我爱你 中国（子涵） ………………………………… 104

沁园春·长沙（毛泽东）……………………………………106

　　沁园春·雪（毛泽东）………………………………………107

妙文华章……………………………………………………………108

　　在实现中国梦的生动实践中放飞青春梦想（习近平）………108

　　少年中国说（节选）（梁启超）……………………………113

　　可爱的中国（节选）（方志敏）……………………………114

　　巴金箴言录（巴金）…………………………………………117

　　家乡的桥（郑莹）……………………………………………119

　　孝心无价（节选）（毕淑敏）………………………………120

硬笔楷书笔画书写技巧……………………………………………121

阅读及书写任务……………………………………………………122

　　练好字，读好书………………………………………………123

　　书法的章法布局………………………………………………126

附录　诗文的朗诵技巧

诗文的朗诵技巧（一）——理解作品　把握基调……………129

诗文的朗诵技巧（二）——吐字的技巧………………………131

诗文的朗诵技巧（三）——变化………………………………133

参考文献

后　记

第一单元
明礼诚信

单元导读

中国素以礼仪之邦、文明古国著称于世。两千多年前,至圣先贤孔子就曾说过"君子敬而无失,与人恭而有礼,四海之内,皆兄弟也",又说"自古皆有死,民无信不立"。可见,明礼诚信早已被古人所重视、所推崇。今天,在我们的公民道德建设中,明礼诚信又被列为公民基本道德规范之一,足见其意义深远。

本单元选取李商隐的《无题》、苏轼的《定风波》等诗词,李培东的《被人相信是一种幸福》、任平的《诚信与文明——中国梦的价值基石》、刘勇的《一个关于诚信的异域故事》等妙文华章,以及《礼记》《论语》中的先哲警句,富兰克林、李嘉诚等人的名言,来诠释明礼诚信这一主题。

让我们通过诵读与书写,细品其中深意,让先哲智慧融入血液,引领、丰富我们的人生。

先哲警句

1. 君子博学于文，约之以礼。　　　　　　　　　　　　　——《论语·雍也》

   注释：①"君子"是西周到春秋时期对贵族男子的通称，后泛指有才德、有修养、品行好的人。与"小人"相对。

   ②"礼"内涵丰富。《周礼》《仪礼》《礼记》合称"三礼"，记载了我国古代丰富的礼仪礼制，从国家的典章制度，到民间的礼俗礼节，直至个人的行为道德准则，所谓"经礼三百，曲礼三千"，是中华民族"礼仪之邦"的由来。"礼"根据不同的语境可以理解为礼义、礼仪、礼节等。

   译：君子勤奋好学聪明智慧，更以礼义约束自己培养良好的品行。

2. 君子义以为质，礼以行之。　　　　　　　　　　　　　——《论语·卫灵公》

   译：君子做事以合理的内容做判断取舍，用恭敬得体的形式加以表达。

3. 忠信，礼之本也；义理，礼之文也。无本不立，无文不行。——《礼记·礼器》

   注释："信"，实也。"义"，宜也，适宜，应该。

   译：忠于事实，是礼的根本；合理表达，是礼的形式。没有事实为内容礼就不成立，没有得体的表达形式礼就不能施行。

4. 质胜文则野，文胜质则史，文质彬彬，然后君子。　　　——《论语·雍也》

   译：礼的本质是情，表现为恭敬、谦逊、正义的内容，礼的形式是文，表现为动容、周旋、辞令的外表。过于质朴不讲究文饰是素朴，过于讲究形式不注重内容是虚礼，只有文雅和质朴配合得当，才是成熟的君子。

5. 兴于诗，立于礼，成于乐。　　　　　　　　　　　　　——《论语·泰伯》

   译：诗是美感的，礼是严谨的，乐融合二者。善良美好的品行，从涵养美好的感情开始，通过学习礼增长知识、陶冶性情、锻炼意志，在与乐的融合中达到锻造品格的目的。

6. 敬让之道也，以奉宗庙则敬，以奉朝廷则贵有位，以处家室则父子亲、兄弟和，以处乡里则长幼有序。　　　　　　　　　　　　　　　　——《礼记·经解》

   译：礼的敬让精神，用于国家是敬，用于朝廷是尊卑有位，用于家庭是父子相亲，兄弟和睦，用于乡里是长幼有序。

7. 礼之用，和为贵。小大由之，有所不行，知和而和，不以礼节之，亦不可行也。

——《论语·学而》

译：礼在实际应用中贵流动贯通，情意相合。但若过于流动，一任于情，又失之严谨，也行不通。所以施行礼应该持平和、中正客观的法则。

8. 礼尚往来，往而不来，非礼也。来而不往，亦非礼也。　——《礼记·曲礼上》

译：礼，崇尚有往有来，付出没有回报，是不合礼的。索取却不付出，也是不合礼的。

9. 富贵而知好礼，则不骄不淫；贫贱而知好礼，则志不慑。　——《礼记·曲礼上》

译：富裕、有地位的人懂得并爱好礼，就不会骄傲放纵；穷困、地位低的人懂得并爱好礼，就会志向坚定，大大方方。

10. 恭而无礼则劳，慎而无礼则葸，勇而无礼则乱，直而无礼则绞。——《论语·泰伯》

注释："葸"（xǐ），畏惧的样子。

译：内心恭敬没有礼的形式表达就劳顿，处事谨慎没有礼的形式表达就怯懦，做事有勇气没有礼仪就混乱，性格率直没有礼节就尖刻。

11. 人无礼则不生，事无礼则不成，国无礼则不守。　　——《荀子·大略》

译：做人没有礼就不能生存，做事没有礼就不能成功，治国没有礼国家就不能稳定。

12. 诚者，物之终始；不诚无物。　　　　　　　　　　　　——《礼记·中庸》

　　　译：诚，是宇宙万物自始至终的存在，不诚就没有万物。

13. 诚者，天之道也；诚之者，人之道也。　　　　　　　　——《礼记·中庸》

　　　译：天道即诚，生生不息，是宇宙万物的本体；人的道德性先天就有，选择善追求真诚是人的本性。

14. 富润屋，德润身，心广体胖。故君子必诚其意。　　　　——《礼记·大学》

　　　注释："胖"（pán），安泰舒适，指人心胸开阔、外貌安详。

　　　译：财富能装饰房屋，品德能修养身心，人心胸开阔，身体自然安泰舒适、相貌祥和。所以君子一定是内心真诚的人。

15. 欲修其身者，先正其心；欲正其心者，先诚其意；欲诚其意者，先致其知；致知在格物。　　　　　　　　　　　　　　　　　　　　　　——《礼记·大学》

　　　译：修养身心，先要端正思想，使意念真诚，探究知识，获得智慧。探究知识的途径是穷究事物的道理，明辨是非，取得真知。

16. 至诚无息，不息则久，久则徵，徵则悠远，悠远则博厚，博厚则高明。博厚所以载物也，高明所以覆物也，悠久所以成物也。　　　　　　　　——《礼记·中庸》

　　　译：真诚的极致是无声无息，无声息能够长久保持，慢慢显露，影响深远，达到广博深厚、高大光明。广博深厚能够承载万物，高大光明能够包容万物，悠远长久能够生成万物。

17. 唯天下至诚，为能经纶天下之大经，立天下之大本，知天地之化育。

　　　　　　　　　　　　　　　　　　　　　　　　　　　——《礼记·中庸》

　　　译：只有天下最真诚的人，才能经略天下治理国家，制定天下的根本大法，洞悉天地化育万物的奥秘。

18. 人而无信，不知其可也。大车无輗，小车无軏，其何以行之哉？——《论语·为政》

　　　注释："大车"指牛车，"小车"指马车。"輗"（ní），大车车辕与横木连接的关键；"軏"（yuè），小车车辕与横木连接的关键。

　　　译：一个人没有诚信，不知道他怎么做人。就像牛车没有车輗，马车没有车軏，靠什么行走呢？

19. 言忠信,行笃敬,虽蛮貊之邦行矣;言不忠信,行不笃敬,虽州里行乎哉?

——《论语·卫灵公》

注释: ①"蛮貊"是古代汉族对少数民族的称呼。"蛮"指南蛮,泛指南方边疆少数民族。"貊"(mò)指北狄,泛指北方边疆少数民族。

②"州里",古代两千五百家为州,五家为邻,五邻为里。这里代指本乡本土。

译: 说话真诚守信,做事笃实恭敬,就是在偏僻蛮荒的地方也能生存;说话不诚信、做事不用心,就是在自己的家乡能行得通吗?

20. 志不强者智不达,言不信者行不果。 ——《墨子·修身》

译: 志向不坚定的人没有智慧,说话不真诚的人做不成事情。

名人名言

1. 文明就是要造就有修养的人。　　　　　　　　　　　　　——罗斯金（英国）

2. 真诚才是人生最高的美德。　　　　　　　　　　　　　　——乔叟（英国）

3. 礼貌是儿童与青年所应该特别小心养成习惯的第一件大事。
　　　　　　　　　　　　　　　　　　　　　　　　　　——洛克（英国）

4. 读书使人充实，讨论使人机智，笔记使人准确，读史使人明智，读诗使人灵秀，数学使人周密，科学使人深刻，伦理使人庄重，逻辑修辞使人善辩，凡有所学皆成性格。
　　　　　　　　　　　　　　　　　　　　　　　　　　——培根（英国）

5. 人与人之间的相互关系中，对人生的幸福最重要的莫过于真实、诚意和廉洁。
　　　　　　　　　　　　　　　　　　　　　　　　　——富兰克林（美国）

6. 诚实是力量的一种象征，它显示着一个人的高度自重和内心的安全感和尊严感。
　　　　　　　　　　　　　　　　　　　　　　　　——艾琳·卡瑟（美国）

7. 走正直诚实的生活道路，定会有一个问心无愧的归宿。　——高尔基（苏联）

8. 失足，你可能马上站立；失信，你也许永难挽回。　　——富兰克林（美国）

9. 如果要别人诚信，首先要自己诚信。　　　　　　　　——莎士比亚（英国）

10. 栽种思想，成就行为；栽种行为，成就习惯；栽种习惯，成就性格；栽种性格，成就命运。　　　　　　　　　　　　　　　　　　　　　　　　　　　　——李嘉诚

11. 怀着善意的人，是不难于表达他对人的礼貌的。　　　　——卢梭（法国）

12. 生命不可能从谎言中开出灿烂的鲜花。　　　　　　　　——海涅（德国）

13. 信以立志，信以守身，信以处事，信以待人，毋忘立信，当必有成。
　　　　　　　　　　　　　　　　　　　　　　　　　　　　——潘序伦

14. 信用是难得易失的，费十年工夫积累的信用，往往由于一时的言行而失掉。

——池田大作（日本）

15. 千教万教教人求真，千学万学学做真人。　　　　　　　　——陶行知

16. 礼貌建筑在双重基础之上，既要表现出对别人的尊重，也不要把自己的意见强加于人。

——胡戈·冯·霍夫曼斯塔尔（奥地利）

17. 所谓礼貌待人，即用你喜欢别人对待你的方式对待别人。

——切斯特菲尔德（英国）

18. 礼貌是聪明人想出来的与愚人保持距离的一种策略。　　——爱默生（美国）

19. 礼貌就是后天造就的好脾气，它弥补了天性之不足，最后演变成一种近似真美德的习惯。

——杰斐逊（美国）

20. 诚实而无知，是软弱的、无用的；然而有知识而不诚实，却是危险的、可怕的。

——约翰逊（英国）

21. 美不在颜色艳丽而在面目端正，又不尽在面目端正而在举止文雅合度。

——培根（英国）

22. 唯诚可以破天下之伪，唯实可以破天下之虚。　　　　　　　——蔡锷

23. 美德是精神上的一种宝藏，但是使它生出光彩的则是良好的礼仪。

——洛克（英国）

> 青春是有限的，智慧是无穷的，
> 趁短的青春，去学习无穷的智慧。
>
> ——高尔基

诗词精粹

无 题
〔唐〕李商隐

相见时难别亦难,东风无力百花残。
春蚕到死丝方尽,蜡炬成灰泪始干。
晓镜但愁云鬓改,夜吟应觉月光寒。
蓬山此去无多路,青鸟殷勤为探看。

定风波
〔宋〕苏 轼

莫听穿林打叶声,何妨吟啸且徐行。
竹杖芒鞋轻胜马,谁怕?一蓑烟雨任平生。
料峭春风吹酒醒,微冷,山头斜照却相迎。
回首向来萧瑟处,归去,也无风雨也无晴。

为什么我的眼里常含泪水?

因为我对这土地爱得深沉……

——艾青

我爱这土地

艾　青

假如我是一只鸟，
我也应该用嘶哑的喉咙歌唱：
这被暴风雨所打击着的土地，
这永远汹涌着我们的悲愤的河流，
这无止息地吹刮着的激怒的风，
和那来自林间的无比温柔的黎明……
——然后我死了，
连羽毛也腐烂在土地里面。

为什么我的眼里常含泪水？
因为我对这土地爱得深沉……

致 橡 树

舒 婷

我如果爱你——
绝不像攀缘的凌霄花
借你的高枝炫耀自己；
我如果爱你——
绝不学痴情的鸟儿
为绿荫重复单调的歌曲；
也不止像泉源，
常年送来清凉的慰藉；
也不止像险峰，
增加你的高度，衬托你的威仪。
甚至日光，
甚至春雨，
不，这些都还不够！
我必须是你近旁的一株木棉，
作为树的形象和你站在一起。
根，紧握在地下；
叶，相触在云里。
每一阵风过，
我们都互相致意，

但没有人，
听懂我们的言语。
你有你的铜枝铁干，
像刀，像剑，
也像戟；
我有我的红硕的花朵，
像沉重的叹息，
又像英勇的火炬。
我们分担寒潮、风雷、霹雳；
我们共享雾霭、流岚、虹霓。
仿佛永远分离，
却又终身相依。
这才是伟大的爱情，
坚贞就在这里：
爱——
不仅爱你伟岸的身躯，
也爱你坚持的位置，
足下的土地。

舒婷的诗歌充盈着浪漫主义和理想的色彩，对祖国、对人生、对爱情、对土地的爱，既温馨平和又潜动着激情。她的诗擅长运用比喻、象征、联想等艺术手法表达内心感受，在朦胧的氛围中流露出理性的思考。

再别康桥

徐志摩

轻轻的我走了，
正如我轻轻的来；
我轻轻的招手，
作别西天的云彩。

那河畔的金柳，
是夕阳中的新娘；
波光里的艳影，
在我的心头荡漾。

软泥上的青荇，
油油的在水底招摇；
在康河的柔波里，
我甘心做一条水草！

那榆荫下的一潭，
不是清泉，是天上虹；
揉碎在浮藻间，
沉淀着彩虹似的梦。

寻梦？撑一支长篙，
向青草更青处漫溯，

满载一船星辉,
在星辉斑斓里放歌。

但我不能放歌,
悄悄是别离的笙箫;
夏虫也为我沉默,
沉默是今晚的康桥。

悄悄的我走了,
正如我悄悄的来;
我挥一挥衣袖,
不带走一片云彩。

诚信与文明——中国梦的价值基石

任 平

现代化背景下的中国梦具有深厚的价值内蕴，以"三个倡导"为主要内容的社会主义核心价值观，便是中国梦价值内蕴的具体体现。这其中，诚信与文明尤为重要。这是因为，要实现中国梦的共建共享，从价值观的角度来说，我们不仅需要越来越富足的生活，也需要有越来越诚信的道德；不仅需要公平正义的法治环境，也需要文明素养的全面提升。为此，倡导诚信与文明，便成为共建共享中国梦不可或缺的价值基石。

古代中国是高度重视诚信价值的信用之邦。几千年来居于国家精神统治地位的儒家将"人无信不立"作为"仁"学的"五端"（仁、义、礼、智、信）之一，要求全社会成员加以奉守；不仅把"信守诺言"作为君子的良好操守，更把"取信于民"作为国家统治的民本根基。

中国梦憧憬的现代化社会不仅是物质丰裕的社会，更是诚信善治的社会。人民群众迫切期待生活在一个没有欺诈、没有假冒伪劣、诚实相亲、信用良好的社会环境中。而一旦诚信阙如，不仅危及社会信用体系，而且也意味着人与社会、人与人关系的撕裂，若任其蔓延，将动摇社会稳定的根基。因此，重建作为诚信交往的社会规范势在必然。这需要从以下两个维度着手。

第一，真诚性维度。这一道德规范和价值操守，不是一种外在面具或一种简单的法律他律，而是人格、心理和行为方式的全面提升。现代化不仅仅是物的现代化，更是一种制度和公民行为方式的伦理和价值的升华。在满足生存性需要之后，全面建成小康社会的重要价值目标之一就是要重建我们生活的道德和价值底线。我们希望过"好的生活"，而这必须有"好的环境""好的信用"和"好的制度"。如果没有诚信，无论是市场经济体系还是法治社会，一切都将难以建立，更难以完善。在诚实守信的国家里，参与社会交往的多元主体之间都必须有真诚待人之心，这是对中华民族传统美德的继承和弘扬，更是实现中国梦的内在素质要求。

第二，交往自尊或尊严的主体性维度。交往行为和制度具有内在的道德维度和诚信价值。诚实守信是一种德性，更是一种作为社会成员交往的自尊和尊严。当我们被人评价为诚实守信时，我们因这种肯定性评价而获得了作为人际交往主体的自尊；反之，当我们被人评价为不诚实、不守信时，我们就会因这种否定性评价而丧失了作为人际交往主体的基本尊严。为此，我们不能沉迷于"利"的诱惑而放弃对自我和他人生命尊严的尊重。无论制度设计或者道德倡导，都应当最大限度尊重社会公民作为主体性的道德尊严，这是实现中国梦的必然要求。

被人相信是一种幸福

李培东

一艘货轮在烟波浩淼的大西洋上行使。一个在船尾搞勤杂的黑人小孩不慎掉进了波涛滚滚的大西洋。孩子大喊救命，无奈风大浪急，船上的人谁也没有听见，他眼睁睁地看着货轮拖着浪花越走越远……

求生的本能使孩子在冰冷的海水里拼命地游，他用尽全身的力气挥动着瘦小的双臂，努力使头伸出水面，睁大眼睛盯着轮船远去的方向。

船越走越远，船身越来越小，到后来，什么都看不见了，只剩下一望无际的汪洋。孩子的力气也快用完了，实在游不动了，他觉得自己要沉下去了。放弃吧，他对自己说。这时候，他想起老船长那张慈祥的脸和友善的眼神。不，船长知道我掉进海里后，一定会来救我的！想到这里，孩子鼓足勇气用生命的最后力量又朝前游去……

船长终于发现那黑人孩子失踪了，当他断定孩子是掉进海里后，下令返航，回去找。这时，有人规劝："这么长时间了，就是没有被淹死，也让鲨鱼吃了。"船长犹豫了一下，还是决定回去找。又有人说："为一个黑奴孩子，值得吗？"船长大喝一声："住嘴！"

终于，在那孩子就要沉下去的最后一刻，船长赶到了，救起了孩子。

当孩子苏醒过来之后，跪在地上感谢船长的救命之恩时，船长扶起孩子问：

"孩子，你怎么能坚持这么长时间？"

孩子回答："我知道您会来救我的，一定会的！"

"你怎么知道我一定会来救你的？"

"因为我知道您是那样的人！"

听到这里，白发苍苍的船长"扑通"一声跪在黑人孩子面前，泪流满面："孩子，不是我救了你，而是你救了我啊！我为我在那一刻的犹豫而感到耻辱。"

一个人能被他人相信也是一种幸福。他人在绝望时想起你，相信你会给予拯救更是一种幸福。

一个关于诚信的异域故事

刘 勇

在纽约的河边公园里矗立着"南北战争阵亡纪念碑",每年都有许多游人来到碑前祭奠亡灵。美国第十八届总统、南北战争时期担任北方军统帅的格兰特将军的陵墓坐落在公园的北部。陵墓高大雄伟、庄严简朴。陵墓后方,是一大片碧绿的草坪,一直绵延到公园的边界、陡峭的悬崖边上。格兰特将军的陵墓后边,更靠近悬崖边的地方,还有一座小孩子的陵墓。那是一座极小极普通的墓,在任何其他地方,你都可能会忽略它的存在。它和绝大多数美国人的陵墓一样,只有一块小小的墓碑。在墓碑和旁边的一块木牌上,却记载着一个感人至深的关于诚信的故事。

故事发生在200多年以前的1797年。这一年,这片土地的小主人才5岁的时候,不慎从这里的悬崖上坠落身亡。其父伤心欲绝,将他埋葬于此,并修建了这样一个小小的陵墓,以作纪念。数年后,家道衰落,老主人不得不将这片土地转让。出于对儿子的爱心,他对今后的土地主人提出了一个奇特的要求,他要求它和绝大多数美国人的陵墓一样,只有一块小小的墓碑。新主人答应了,并把这个条件写进了契约。这样,孩子的陵墓就被保留了下来。沧海桑田,100年过去了。这片土地不知道辗转卖过多少次,也不知道换过了多少个主人,孩子的名字早已被世人忘却,但孩子的陵墓仍然还在那里。它依据一个又一个的买卖契约,被完整无损地保存下来。到了1897年,这片风水宝地被选中作为格兰特将军的陵园。政府成了这块地的主人。无名孩子的墓,在政府手中依然被完整地保留下来,成了格兰特将军陵墓的邻居。一个伟大的历史缔造者之墓和一个无名孩童毗邻而居,这可能是世界上独一无二的奇观。又一个100年以后,1997年的时候,为了缅怀格兰特将军,当时的纽约市长朱利安尼来到这里。那时,刚好是格兰特将军陵墓建立100周年,也是小孩去世200周年的时间,朱利安尼市长亲自撰写了这个动人的故事,并把它刻在木牌上,立在无名小孩陵墓的旁边,让这个关于诚信的故事世世代代流传下去……

贵人思想

林清玄

朋友时常夸赞我会买水果，买水果总比别人挑的要好吃一些。

"挑水果到底有什么秘诀呢？"朋友问。

"我从来不会挑水果，只会挑卖水果的人呀！"我说。

因为我总是向熟识的摊子买水果，甚至很少动手去挑，只请摊贩挑选，我总是说："谢谢你呀！上次你挑的那些水果非常好，我请朋友吃，他们都赞不绝口。"

熟识的摊贩就会很细心地帮我挑水果，一直挑到他自己满意为止。

我常被他们挑水果时那专注的神情打动，心里想着："这些摊贩真的是我的贵人，如果没有他们愿意帮我，像我这么爱吃水果的人可怎么办？"

有时，他们边挑水果，边抬头问我说："林先生，你西瓜要吃脆的，还是沙的？"

有时，他们挑了半天，会向我建议："我今天的西瓜不好，你改吃哈密瓜好吗？"

有时，他们会阻止我买某一种水果，说："林桑、莲雾期已过了，又贵又难吃，你买木瓜好吗？"

我总说好，因为他们是我的贵人，而且在水果这方面，他们是专家。

只要我有水果相关的问题，他们都乐于指导，例如，挑橘子要挑肚子凹、手感沉重、表面光滑的；柳丁要选那脐部有圆形的；番茄要挑全身墨绿、中心深红的；西瓜要拍，看它的弹性；凤梨要弹，听它的肉声……

我很会挑水果了，还是请他们挑，因为他们是我的贵人。

台湾俗语说："凤梨头，西瓜尾；甘蔗头，竹笋尾。"意思是说，凤梨和甘蔗的头甜，因此要倒着吃；西瓜的尾部甜，竹笋的笋尖嫩，要懂得挑选。

我的看法是，与其选凤梨、西瓜、甘蔗、竹笋，还不如挑人，与一个小贩建立长期而深刻的友情。

因此，我行事的原则不是"对事不对人"，而是"对人不对事"。

只要我们知人善任，充分信任别人，建立好的因缘，那么，一切就会水到渠成，不必营谋、企求，人人都愿意帮我们。

我那些卖水果的贵人们，不只帮我挑选水果、算我便宜，偶尔也会留一些最好的水果卖给我，我一定会买，并深致谢意——其实是买他们的善意。

偶尔，他们会主动送我一串葡萄、一个西瓜什么的，我就在心里向他们深深地敬礼。

硬笔楷书的特点及笔画书写技巧

一、硬笔楷书的特点

楷书是汉字的主要书体。楷，是楷模，就是标准字体。钢笔楷书具有以下几个特点：

（一）讲究用笔

硬笔楷书的笔画有提顿、藏露、方圆、快慢等用笔方法。不同的用笔方法产生不同的形态、质感的线条，不同的线条需要不同的用笔方法去体现。硬笔楷书字形较小，线条粗细变化不大，如果书写时用笔稍不注意，笔画就达不到要求，笔画就会出现软弱无力、僵硬死板等毛病。因此，必须经过严格训练才能掌握用笔方法。

（二）笔画分明

硬笔楷书的每一个笔画的起笔和收笔都要交代清楚，工整规范，干净利落，不能潦草、粘连。但是笔画与笔画之间又要有内在的呼应关系，使笔画既起收有序、笔笔分明、坚实有力，又停而不断、直而不僵、弯而不弱、流畅自然。

（三）结构方整

硬笔楷书在结构上强调笔画和部首均衡分布、重心平稳、比例适当、字形端正、合乎规范。字与字排列在一起时要大小匀称、行款整齐。虽然也有形态上的参差变化，但从总体上看仍是整齐工整的。

正是由于以上原因，历代许多书家都主张把楷书作为学习书法的第一步。现行的九年义务教育小学语文教学大纲要求，学生在小学阶段主要是学好写硬笔楷书，打好基础，为上中学写行楷书创造条件。实践证明，只有经过系统的楷书练习，才能了解汉字笔画和结构的特点和要求，才能掌握汉字的组合规律，为学写行楷书奠定书写基础，从而练就一手合乎法度、流畅自然的行书和草书。

练习楷书，应从笔画和结构两方面下功夫。练习笔画，主要解决用笔方法问题，目的是生产合格的"零件"；练习结构，主要是解决笔画和部首之间的组合方式问题，目的是学会结构方法，掌握结构规律，从而达到将字写端正、整齐、美观的要求。

二、硬笔楷书笔画书写技巧

（一）横：横画要写平稳，因为横在一个字中起平衡作用，横不平，则字不稳。横有长、短。长横的写法是，下笔稍重，行笔向右较轻，收笔略向右按一下，整个笔画呈左低右高、向下俯势的形态。由于人的视觉的错觉，横画不能写成水平，而应写成左低右高，收笔时稍按一下笔，使笔画变重些，这样，看起来才显得平稳。所以，人们常说的"横平竖直"，不是指横水平书写，而是要求看上去平稳的意思。如图所示：

笔画	起笔	行笔	收笔	字		例	
一	丶	一	一	上	下	五	土

短横的写法是，轻下笔，由轻到重向右行笔大约写到长横的一半时停笔即收。笔画稍向右上仰。如图所示：

笔画	起笔	行笔	收笔	字		例	
一	丶	一	一	三	二	王	

（二）竖：竖画要写垂直，因为竖画在一个字中往往起着关键的支撑作用，竖不垂直，则字不正。竖有垂露、悬针和短竖之分。垂露竖的写法是，下笔稍重，行笔垂直向下较轻，收笔稍重。如图所示：

笔画	起笔	行笔	收笔	字		例	
丨	丶	丨	丨	个	川	书	开

悬针竖的写法同垂露，只是收笔时由重到轻，出锋收笔，笔画出尖。如图所示：

笔画	起笔	行笔	收笔	字		例	
丨	丶	丨	丨	十	平	丰	半

短竖，写法同垂露竖，只是笔画较短，短竖要写得短粗有力。如图所示：

笔画	起笔	行笔	收笔	字		例	
丨	丶	丶	丨	口	旧	土	士

（三）撇：撇画在一个字中很有装饰性，如能写得自然舒展，会增加字的美感，有时还与捺画相对称起着平衡和稳定重心的作用。撇有斜撇、竖撇、短撇之分。斜撇的写法是，下笔稍重，由重到轻向左下行笔，收笔时出尖。如图所示：

笔画	起笔	行笔	收笔	字		例	
ノ	丶	ノ	ノ	人	八	入	友

竖撇，下笔稍重，由重到轻向下行笔，行至撇的长度三分之二处，向左下撇出，收笔时出尖。如图所示：

笔画	起笔	行笔	收笔	字		例	
ノ	丶	丨	ノ	月	用	舟	风

短撇，写法同斜撇，只是笔画较短。短撇在字头出现时，笔画形态较平，如"千、反、禾、后、丢"等字；短撇在字的左上部位出现时，笔画形态较斜，如"生、禾、失、朱"等字。如图所示：

笔画	起笔	行笔	收笔	字		例	
ノ	丶	ノ	ノ	生	禾	失	朱

（四）捺：捺画粗细分明，书写难度较大。捺有斜捺和平捺之分。斜捺，下笔较轻（轻落笔），向右下由轻到重行笔，行至捺脚处重按笔，然后向右水平方向由重到轻提笔拖出，收笔要出尖。如图所示：

笔画	起笔	行笔	收笔	字		例	
㇏	丶	㇏	㇏	大	夫	火	木

平捺，写法同斜捺，但下笔时先要写一小短横，然后再向右下（略平一些）方向行笔。如图所示：

笔画	起笔	行笔	收笔	字		例	
㇏	丶	㇏	㇏	之	边	达	近

看看视频学书法

阅读及书写任务

1. 熟读妙文华章里的文章。
2. 背诵诗词精粹里的诗篇。
3. 每日书写先哲警句、名人名言,特别注意横、竖、撇、捺的笔画书写。

书写范例如下:

爱育黎首 臣伏戎羌 遐迩壹體 率賓歸王

鳴鳳在樹 白駒食場 化被草木 賴及萬方

蓋此身髮 四大五常 恭惟鞠養 豈敢毀傷

女慕貞絜 男效才良 知過必改 得能莫忘

罔談彼短 靡恃己長 信使可覆 器欲難量

墨悲絲染 詩讚羔羊 景行維賢 剋念作聖

德建名立 形端表正 空谷傳聲 虛堂習聽

禍因惡積 福緣善慶 尺璧非寶 寸陰是競

硬笔书法

读书使人充实讨论使人机智笔
记使人准确充实讨论使人明智读诗
使人灵秀数学使史使人明智读诗
使人深刻伦理使学使人庄重逻辑修辞
人善辩凡有所学皆成性格英
国培根鹦鹉能言不离飞鸟猩猩
能言不亦禽兽善之心乎礼记曲礼上

丙申夏月路斌书名言警句于秦皇岛中专

第二单元
友善谦和

单元导读

友善谦和是一种美德，一种修养，也是衡量一个人道德境界的尺码，更是一种无形的力量。《管子》说"善人者，人亦善之"，《老子》说"天道无亲，常与善人"。友善谦和的背后，蕴含的是做人的真诚，展示的是人格的魅力，放射的是人性的光泽。

本单元选取中国古代经典著作《论语》《孟子》《道德经》《孝经》中的先哲警句，外国名人爱因斯坦、莎士比亚等名言，集中展示了古今中外名人对友善谦和的理解。选取普希金的《假如生活欺骗了你》、汪国真的《我就是我》等学生们喜爱的诗词，梁启超的《最苦与最乐》、刘心武的《从一个微笑开始》、张正直的《永不贬值的财富定风波》等妙文华章，来感悟寸有所长、尺有所短，要学人之长、容人之短，多体谅他人、多理解他人，不求全责备、不苛求他人，不用自己之长比他人之短，不求他人处处效仿自己。自觉尊重不同的意见和习俗，这是谦和待人的重要体现，也是团结友善的重要基础，更是发展和谐人际关系的重要原则。

让我们通过诵读与书写，细品其中深意，让先哲智慧引领我们成长、丰富我们的人生。

先哲警句

1. 有朋自远方来，不亦说乎。　　　　　　　　　　　　　——《论语·学而》

    译：有志同道合的朋友从远方来，很快乐啊。

2. 友也者，友其德也，不可以有挟也。　　　　　　　　——《孟子·万章下》

    注释："挟"（xié），倚仗，依恃。

    译：朋友，交的是人品，不是作为仗恃倚靠的。

3. 益者三友，损者三友。友直，友谅，友多闻，益矣。友便辟，友善柔，友便佞，损矣。

    ——《论语·季氏》

    注释："便辟"（biàn pì），谄媚逢迎；"便佞"（pián nìng），用花言巧语逢迎人。

    译：有益的朋友有三种，有害的朋友有三种。正直的朋友，宽容的朋友，见多识广的朋友，是益友。谄媚逢迎的朋友，阿谀奉承的朋友，花言巧语的朋友，是损友。

4. 益者三乐，损者三乐。乐节礼乐，乐道人之善，乐多贤友，益矣。乐骄乐，乐佚游，乐宴乐，损矣。　　　　　　　　　　　　　　　　　　　——《论语·季氏》

    译：有益的快乐有三种，有害的快乐有三种。得到礼乐的熏陶，称道别人的好处，多交贤良的朋友，是益乐。骄傲享乐，散漫游荡，饮酒狂欢，是损乐。

5. 君子以文会友，以友辅仁。　　　　　　　　　　　　——《论语·颜渊》

    译：君子用学问文章聚会结交朋友，通过朋友之间的交流完善仁德。

6. 取诸人以为善，是与人为善者也，故君子莫大乎与人为善。

    ——《孟子·公孙丑上》

    译：学习别人的优点提升自己的美德，这是帮助别人做善事，因此君子最大的美德是与人为善。

7. 仁者如射。射者正己而后发，发而不中，不怨胜己者，反求诸己而已矣。

    ——《孟子·公孙丑上》

    译：仁义的品德就像射箭。射箭的人先要端正自己瞄准目标而后发射，没有射中目标，不怨恨胜过自己的人，而是从自身寻找原因。

8. 言近而指远者，善言也。守约而施博者，善道也。　　——《孟子·尽心下》

　　译：言辞浅显但是意义深远的话，是善言。用起来简单但是影响广泛的方法，是善道。

9. 与人善言，暖于布帛；伤人之言，深于矛戟。　　——《荀子·荣辱》

　　译：送人善言，比布帛还温暖；伤人的话，比长矛利戟刺心伤害还深。

10. 君子崇人之德，扬人之美，非谄谀也；正义直指，举人之过，非毁疵也。

　　　　　　　　　　　　　　　　　　　　　　——《荀子·不苟》

　　译：君子推崇人的美德，赞扬人的优点，不是阿谀奉承；合理纠正错误，指出过失，也不是诋毁和吹毛求疵。

11. 仁者爱人，有礼者敬人。爱人者人恒爱之，敬人者人恒敬之。

　　　　　　　　　　　　　　　　　　　　　　——《孟子·离娄下》

　　译：仁义的人爱人，懂礼的人尊敬人。爱人的人别人都爱他，尊敬人的人别人也都尊敬他。

12. 君子成人之美，不成人之恶。　　——《论语·颜渊》

　　译：君子成全别人的好事，不帮人做坏事。

13. 天道无亲，恒与善人。　　——《老子·道德经》

　　译：上天对谁都没有偏爱，却永远帮助有德的善人。

14. 上善若水，水利万物而不争。　　——《老子·道德经》

　　译：最大的善就像水一样，水滋养世间万物却永远处在低位不与万物相争。

15. 我恒有三葆，持而宝之。一曰慈，二曰俭，三曰不敢为天下先。——《老子·道德经》

　　译：我有三件宝贝，要永远珍藏着。一是慈爱，二是节俭，三是不争强好胜。

16. 江海之所以能为百谷王者，以其善下之，故能为百谷王。——《老子·道德经》

　　译：大江大海之所以能成为百川流水汇聚的地方，是因为它善于处在下位，所以能成为百谷之王。

17. 在上不骄，高而不危；制节谨度，满而不溢。高而不危，所以长守贵也；满而不溢，所以长守富也。　　　　　　　　　　　　　　　　　　　——《孝经》

　　译：身居高位不骄傲，即使在高处也不会有危险；能够克制节俭谨慎有分寸，财物充盈也不会浪费。高而不危，所以能永远尊贵；满而不溢，所以能长久富足。

18. 贵富而骄，自遗咎也；功遂身退，天之道也。　　——《老子·道德经》

　　译：把富有当作高贵，因而骄傲奢侈放纵，是给自己种下了祸根；功业完成了就急流勇退，是顺应自然的道理。

19. 君子坦荡荡，小人长戚戚。　　——《论语·述而》

　　译：君子光明磊落、心胸坦荡，小人总是斤斤计较、患得患失。

20. 君子和而不同，小人同而不和。　　——《论语·子路》

　　译：君子与人相处和谐友善，但对事物有自己独立的观点和判断，小人表面与人利益相同观点一致，但内心却不和谐友善。

名人名言

1. 人格成熟的重要标志：宽容、忍让、和善。　　　　　——戴尔·卡耐基（美国）

2. 友谊能增进快乐，减轻痛苦；因为它能倍增我们的喜悦，分担我们的烦忧。
　　　　　　　　　　　　　　　　　　　　　　　　——爱迪生（美国）

3. 有很多良友，胜于有很多财富。　　　　　　　　　——莎士比亚（英国）

4. 人的生活离不开友谊，但要得到真正的友谊是不容易的，友谊需要用忠诚去播种，用热情去灌溉，用原则去培养，用谅解去护理。　　——马克思（德国）

5. 世界上最美好的东西，莫过于有几个头脑和心地都很正直的朋友。
　　　　　　　　　　　　　　　　　　　　　　　　——爱因斯坦（美国）

6. 我们结交朋友的方法，应该是给他人好处，而不是向他人索取，这种友谊最为可靠。
　　　　　　　　　　　　　　　　　　　　　　　——修昔底德（古希腊）

7. 善良的心就是太阳。　　　　　　　　　　　　　　——雨果（法国）

8. 只有在对旁人的善意感到高兴的时候，我们才是真正的活着。——歌德（德国）

9. 如果说"善"有原因，它就不再是"善"；如果"善"有它的结果，那也不能称为"善"，"善"是超乎因果联系的东西。　　　　　——列夫·托尔斯泰（俄国）

10. 善良的行为有一种好处，就是使人的灵魂变得高尚了，并且使它可以做出更美好的行为。　　　　　　　　　　　　　　　　　　　——卢梭（法国）

11. 相信别人的善良，最足以证明本人的善良。　　　　　——蒙田（法国）

12. 你如果真正是一个善良而正直的人，那么当你行仁施义的时候，永远不会遇到伤害。
　　　　　　　　　　　　　　　　　　　　　　　　　　——柏拉图（古希腊）

13. 你尊重人家，人家尊重你，这是人与人之间的公平交易。——泰戈尔（印度）

14. 尊重别人的长处，在任何情况下都平等待人的人，才是道德高尚的人。
　　　　　　　　　　　　　　　　　　　　　　　　　——苏霍姆林斯基（苏联）

15. 一切真正和伟大的东西都是纯朴而谦逊的。　　　　——别林斯基（俄国）

16. 当我们最为谦卑的时候，便是我们最接近于伟大的时候。——泰戈尔（印度）

17. 智慧是宝石，如果用谦虚镶边，就会更加灿烂夺目。　——高尔基（苏联）

18. 真正有学问的人就像麦穗一样，只要它们是空的，它们就茁壮挺立，昂首睨视；但当它们臻于成熟，饱含鼓胀的麦粒时，它们便谦逊地低垂着头，不露锋芒。
　　　　　　　　　　　　　　　　　　　　　　　　　　——蒙田（法国）

19. 在谦虚里包含着一个人的道德力量和纯洁，而吹牛则表现了一个人的渺小和无知。
　　　　　　　　　　　　　　　　　　　　　　　——帕乌斯托夫斯基（苏联）

20. 一切真挚的爱都建立在尊敬的基础上。　　　　　　——莎士比亚（英国）

21. 我们的骄傲多半是基于我们的无知。　　　　　　　　——莱辛（德国）

22. 一个骄傲的人，结果总是在骄傲里毁灭自己。　　　——莎士比亚（英国）

23. 大智者必谦和，大善者必宽容，唯有小智者才咄咄逼人，小善者才会斤斤计较。
　　　　　　　　　　　　　　　　　　　　　　　　　　　　　——周国平

诗词精粹

静夜思
〔唐〕李 白
床前明月光，疑是地上霜。
举头望明月，低头思故乡。

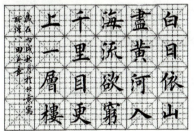

登鹳雀楼
〔唐〕王之涣
白日依山尽，黄河入海流。
欲穷千里目，更上一层楼。

从明天起,做一个幸福的人
给每一条河每一座山取一个温暖的名字
我有一所房子,面朝大海,春暖花开

面朝大海,春暖花开
海 子

从明天起,做一个幸福的人
喂马、劈柴,周游世界

从明天起,关心粮食和蔬菜
我有一所房子,面朝大海,春暖花开

从明天起,和每一个亲人通信
告诉他们,我的幸福
那幸福的闪电告诉我的
我将告诉每一个人

给每一条河每一座山取一个温暖的名字
陌生人,我也为你祝福
愿你有一个灿烂的前程
愿你有情人终成眷属
愿你在尘世获得幸福
我只愿面朝大海,春暖花开。

假如生活欺骗了你

普希金

假如生活欺骗了你,
不要悲伤,不要心急,
忧郁的日子里须要镇静,
相信吧,快乐的日子将会来临。
心儿永远向往着未来,
现在却常是忧郁。
一切都是瞬息,一切都将会过去。
而那过去了的,就会成为亲切的怀念。

普希金作品崇高的思想性和完美的艺术性使他具有世界性的重大影响。普希金在他的作品中表现了对自由、对生活的热爱,对光明必能战胜黑暗、理智必能战胜偏见的坚定信仰,他的"用语言把人们的心灵燃亮"的崇高使命感和伟大抱负深深感动着一代又一代的人。

我就是我

汪国真

每一个春天

都是送给花朵

每一个机会

都是送给你我

每一个明天

都靠今天把握

每一个成功

都蕴含着执着

我就是花朵

在春天里开放

我就是我

在追求中显出生命的本色！

从一个微笑开始

刘心武

又是一年春柳绿。春光烂漫，心里却丝丝忧郁纠缠。问依依垂柳，怎么办？

不要害怕开始，生活总把我们送到起点，勇敢些，请现出一个微笑，迎上前！

一些固有的格局打破了，现出一些个陌生的局面，对面是何人？周遭何冷然？心慌慌，真想退回到从前，但是日历不能倒翻。当一个人在自己的屋里，无妨对镜沉思，从现出一个微笑开始，让自信、自爱、自持从外向内，在心头凝结为坦然。

是的，眼前将会有更多变故，更多的失落，更多的背叛，也会有更多的疑惑，更多的烦恼，更多的辛酸。但是我们带着心中的微笑，穿过世事的云烟，就可以学着应变，努力耕耘，收获果实，并提升认知，强健心弦，迎向幸福的彼岸。

地球上的生灵中，唯有人会微笑，群体的微笑构筑和平，他人的微笑导致理解，自我的微笑则是心灵的净化剂。

忘记微笑是一种严重的生命疾患，一个不会微笑的人可能拥有名誉、地位和金钱，却一定不会有内心的宁静和真正的幸福，他的生命中必有隐蔽的遗憾。

我们往往因成功而狂喜不已，或往往因挫折而痛不欲生，当然，开怀大笑与号啕大哭都是生命的自然悸动，然而我们千万不要将微笑遗忘。唯有微笑能使我们享受到生命底蕴的醇味，超越悲欢。

他人的微笑，真伪难辨。但即使虚伪的微笑，也不必怒目相视，仍可报以一粲；即使是阴冷的奸笑，也无妨还以笑颜。微笑战斗，强似哀兵必胜，那微笑是给予对手的饱含怜悯的批判。

微笑毋庸学习，生而俱会，然而微笑的能力却有可能退化。倘若一个人完全丧失了微笑的心绪,那么,他应该像防癌一样,赶快采取措施,甚至对镜自视,把心底的温柔、顾念、自惜、自信丝丝缕缕捡拾回来。

从一个最淡的微笑开始,重构自己灵魂的免疫系统,再次将胸怀拓宽。

微笑吧!在每一个清晨,向着天边第一缕阳光;在每一个春天,面对着地上第一株新草;在每一个起点,遥望着也许还看不到的地平线。

相信吧,从一个微笑开始。那就离成功很近,离幸福不远!

刘心武是中国当代著名作家、红学研究家。他对生活感受敏锐,善于作理性的宏观把握,写出了不少具有社会思考特点的小说,作风严谨,意蕴深厚。

最苦与最乐

梁启超

人生什么事最苦呢？贫吗？不是。失意吗？不是。老吗？死吗？都不是。我说人生最苦的事，莫苦于身上背着一种未了的责任。人若能知足，虽贫不苦；若能安分（不多作分外希望），虽然失意不苦；老、死乃人生难免的事，达观的人看得很平常，也不算什么苦。独是凡人生在世间一天，便有一天应该的事。该做的事没有做完，便像是有几千斤重担子压在肩头，再苦是没有的了。为什么呢？因为受那良心责备不过，要逃躲也没处逃躲呀！答应人办一件事没有办，欠了人的钱没有还，受了人的恩惠没有报答，得罪了人没有赔礼，这就连这个人的面也几乎不敢见他；纵然不见他的面，睡里梦里，都像有他的影子来缠着我。为什么呢？因为觉得对不住他呀！因为自己对他的责任，还没有解除呀！不独是对于一个人如此，就是对于家庭、对于社会、对于国家，乃至对于自己，都是如此。凡属我受过他好处的人，我对于他便有了责任。凡属我应该做的事，而且力量能够做得到的，我对于这件事便有了责任。凡属我自己打主意要做一件事，便是现在的自己和将来的自己立了一种契约，便是自己对于自己加一层责任。有了这责任，那良心便时时刻刻监督在后头，一日应尽的责任没有尽，到夜里头便是过的苦痛日子；一生应尽的责任没有尽，便死也带著苦痛往坟墓里去。这种苦痛却比不得普通的贫困老死，可以达观排解得来。所以我说人生没有苦痛便罢，若有苦痛，当然没有比这个更加重的了。

翻过来看，什么事最快乐呢？自然责任完了，算是人生第一件乐事。古语说得好，"如释重负"；俗语亦说是"心上一块石头落了地"。人到这个时候，那种轻松愉快，直是不可以言语形容。责任越重大，负责的日子越久长，到责任完了时，海阔天空，心安理得，那快乐还要加几倍哩！大抵天下事从苦中得来的乐才算真乐。人生须知道有负责任的苦处，才能知道有尽责任的乐处。这种苦乐循环，便是这有活力的人间一种趣味。却是不尽责任，受良心责备，这些苦都是自己找来的。一翻过去，处处尽责任，便处处快乐；时时尽责任，便时时快乐。快乐之权，操之在己。孔子所以说"无入而不自得"，正是这种作用。

然则为什么孟子又说"君子有终身之忧"呢？因为越是圣贤豪杰，他负的责任越是重大；而且他常要把这种种责任来揽在身上，肩头的担子从没有放下的时节。曾子还说哩，"任重而道远"，"死而后已，不亦远乎？"那仁人志士的忧民忧国，那诸圣诸佛的悲天悯人，虽说他是一辈子感受苦痛，也都可以。但是他日日在那里尽责任，便日日在那里得苦中真乐，所以他到底还是乐，不是苦呀！

有人说："既然这苦是从负责任而生的，我若是将责任卸却，岂不是就永远没有苦了吗？"这却不然，责任是要解除了才没有，并不是卸了就没有。人生若能永远像两三岁小孩，本来没有责任，那就本来没有苦。到了长成，责任自然压在你的肩头上，如何能躲？不过有大小的分别罢了。尽得大的责任，就得大快乐；尽得小的责任，就得小快乐。你若是要躲，倒是自投苦海，永远不能解除了。

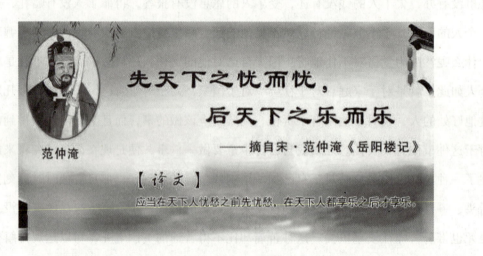

范仲淹

先天下之忧而忧，后天下之乐而乐

——摘自宋·范仲淹《岳阳楼记》

【译文】
应当在天下人忧愁之前先忧愁，在天下人都享乐之后才享乐。

受人欢迎的四句话

星云大师

自古就有"一言兴邦,一言丧邦"的明训,讲话确是一门艺术。

如何才受人欢迎呢?以下是我的四点建议。

一、为受窘的人说句解围的话。助人不只是在金钱、劳力、时间上的付出,说话也可以帮助别人。例如,有些人处于尴尬得不知如何下台的窘境时,你及时说出一句可以帮他解围的话,这也是助人的一种。

二、为沮丧的人说句鼓励的话,西谚有云:"言语所赋给我们的功用,是在我们之间做悦耳之辞。"什么是悦耳之辞?就是说好话。说好话让人如沐春风,让人生发信心。遇到受挫、心情沮丧的人,能给他一些鼓励,一些鼓舞信心的话,就是以言语给他人力量。

三、为疑惑的人说一句点醒的话。荀子说:"赠人以言,重于珠玉。"遇到徘徊人生路口的人、对生命疑惑的人,及时用一句有用的话点醒,有时会改变他的一生,甚至挽回一条性命。

四、为无助的人说一句支持的话。无助的人信心不足,需要他人给予肯定才有力量。这样的人经常生活在别人的善恶语言中,一句话可以决定他的心情好坏。面对无助的人,我们应该多讲给予支持的话,让他对自己生发信心,肯定自我。

《说苑》曰:"君子之言寡而实,小人之言多而虚。"话不在多,而在贴切与恰当。孟子说:"言近而旨远者,善言也。"如果所说浅近,但是用意深远,这就是一句好话。所以,话要谨慎说,才不会让人觉得轻薄,甚至招怨。

善待地球，善待生灵

〔英〕珍·古道尔　祁阿红　译

世界上的自然资源并非取之不尽、用之不竭的，而世界人口正在无情地迅速增长。因此，地球已经到了即将无法为越来越多的人口提供食物和安身之处的地步，野生自然环境和大多数其他物种都将消失，复杂的生命网和世界生态多样性将遭到破坏。这样，不可避免的结果将是人类自身的灭亡。

看到人类破坏自然的速度，有头脑、有理性的人无不感到惊讶。人类正在摧毁养育了自身数百万年的自然环境。在近代，现代信仰和现代技术已经把古老的信仰和传统扫地出门了。现在，大大小小的森林、草原、沼泽——所有动植物生存的自然环境——都在以惊人的速度消失。许多动植物物种也在不断消失——每一个物种都是独具特色的，都是经过千百万年缓慢进化才活到今天的。即使像北极和南极这样的野生自然环境的坚固堡垒，也有被人类糟蹋和破坏的迹象。有无数人，已经或正在迅速忘却人类在世间万物中的正确地位和作用。

我想到了世界上（尤其是北美）那些持漠然态度的人们的生活情趣和精神道德所发生的迅速变化。如果我们能回到美洲印第安人——美洲土著人——当年的生活方式，那将是对环境危机的最佳解决方案。因为千百年来，印第安人一起与大自然和谐相处，只索取他们生活所必需的。他们感谢大自然的恩赐，同时回报大自然。我知道，有些年纪较大的人仍然根据老的价值观念生活，对天神和造物主仍然非常尊重。虽然这听起来颇具诱惑力，可是我认为，现在几乎没有多少西方人能够忍受这样的生活方式——因为这意味着要放弃已被我们认为是必需的那些奢侈物品。

在我看来，残忍是人类最大的罪恶。只要承认每个生灵都有感觉，都可能体验到痛苦，那么如果我们仍然故意让动物受苦，我们同样是有罪过的。我们无论是这样对待人类还是对待动物，都是在残酷对待我们自己。

如果我们承认人类不是唯一具有个性特征的动物，不是唯一能进行理性思维、解决问题的动物，也不是唯一能体验欢乐、悲哀和绝望的动物，尤其不是唯一懂得心理和肉体痛苦的动物，我们就不会那么傲慢，也不会那么坚定地认为只要能对人这种动物有利，就可以绝对有权随意地利用其他的生灵。诚然，我们人类是很独特的，但我们也不像旧观点所认为的那样，与动物王国的其他成员有多大的不同。了解了这一点，我们就可以少一点傲气，对与我们共享这颗星球的可爱的动物，特别是具有复杂的大脑和社会行为的动物，我们应当另眼相看，尊重它们。

我们只要列举几个大声疾呼对动物要有仁爱之心的人为例，就会意识到他们之中有多少真正伟大的人了。阿尔伯特·爱因斯坦恳求我们把爱的范围扩大到"所有生灵以及整个美丽的大自然"。阿尔贝特·施韦策认为，"我们需要一个包括对待动物在内的无限制的道德规范"。圣雄·甘地说，"从一个国家的人对待动物的方式就可以知道他们的为人"。

我们面前的路程仍然很漫长，不过我们已经朝着正确的方向前进了。只要我们能有爱心，不残酷地对待人类和动物，我们就将站到一个人类道德与精神演进的新时代的门槛上，并最终实现我们独特的品质：人道主义。

永不贬值的财富

张正直

那是10多年前的事了。当时16岁的我以优异的成绩考入了大学,这在偏远的山旮旯里可是一件新鲜事,村里为此专门请了乡电影队来放了场电影,以示祝贺。左邻右舍,张王李赵的婶子、大娘知道我们家穷,也都你家10元、他家8元地往我家送钱,帮我筹学费。望着桌上那一堆零碎的人民币,我被这淳朴的乡情、善良的父老乡亲深深地感动着。

但令我终生难忘的却是入学前发生的一件事。那天上午,我正在家收拾行李,准备起程。忽然,听到门外有个苍老的声音喊:"山子他娘在家吗?"母亲听见了,赶忙去开门。门外站着村里的那个瞎眼的老婆婆。老人家一生没儿女,相依为命的老伴死后,她大病一场,两眼失明了。平常只好握着根竹竿,摸索着在左邻右舍要地瓜皮子,拿到镇子上去换点儿针头线脑,用以度日。母亲急忙把瞎眼的婆婆让进屋里坐下,然后,喊我倒茶。婆婆对着母亲讲了一大堆赞扬我有出息的话,夸奖了我一通,又把我喊到她身边,用她那枯柴似的手颤颤抖抖地从灰蓝色的土布兜里掏出了一张皱皱巴巴的1元钱,对我说:"山子,我这个瞎老太婆也没钱,这两元钱是我用地瓜皮子从小贩手里换来的,2毛钱1斤,我共卖了10斤,你别嫌少,拿着买本书吧。"

怎么,两元钱?瞎婆婆手里分明拿着1元钱呀!望着瞎婆婆那满脸刀痕似的皱纹,干瘪的眼睛,我和母亲瞬间都明白了。多么奸诈的小商贩,他们竟伤天害理地欺骗一个孤苦伶仃的老婆子!要知道,这10斤地瓜皮子,瞎婆婆要风里来雨里去在黑暗中摸索多少天,奔走多少家呀!

"怎么,你嫌少?"瞎婆婆的话打断了我的沉思,母亲含泪示意我快接下,我颤抖着手从瞎婆婆手里接过那山一样沉重的"2元钱",眼泪早已夺眶而出。

许多年过去了,如今,瞎婆婆早已到另外一个世界去了,但老人家留给我的那一元钱,我却一直珍藏着。因为,它在我的眼里,已不是普通的1元钱了,而是一笔取之不尽、用之不竭、永不贬值的精神财富,它让我在人际关系日益商品化的今天,也懂得如何用一颗真诚的爱心去对待身边的每一个人。

硬笔楷书笔画书写技巧

（一）点：点画在一个字中就如同人的眼睛一样重要，是一个字的精神体现。点画有右点、左点、竖点和长点之分。右点，轻下笔，由轻到重向右下行笔，稍按后即收笔，不能重描，一次成画。写点关键要有行笔过程，万不可笔尖一着纸就收笔。如图所示：

看看视频学书法

笔画	起笔	行笔	收笔	字		例	
丶	丶	丶	丶	主	义	六	文

左点，写法基本同右点，但行笔方向往下略向左偏一些，收笔时要顿笔。如图所示：

笔画	起笔	行笔	收笔	字		例	
丿	丿	丿	丿	小	怕	安	农

竖点，实际上是右点的变形，当点在字头居中出现时，人们习惯将点的收笔处与下面笔画连接起来，因此，这种点形态比较直。如图所以：

笔画	起笔	行笔	收笔	字		例	
丶	丶	丶	丶	京	定	空	室

长点，是在右点的基础上变长，行笔应慢一些。如图所示：

笔画	起笔	行笔	收笔	字		例	
丶	丶	丶	一	以	头	不	食

（二）提：画写法是，下笔较重，由重到轻向右上行笔，收笔要出尖。提画在不同的字中角度和长短略有不同。书写时应该注意区别。如图所示：

笔画	起笔	行笔	收笔	字		例	
一	丶	一	一	江	地	级	虫

（三）竖钩：下笔写竖到起钩处，稍停向左上勾出，出尖收笔，钩的尖角约为45°，出钩的部分要短一些。如图所示：

笔画	起笔	行笔	收笔	字		例	
亅	丶	丨	亅	小	水	寸	示

（四）弧弯钩：下笔稍轻，由轻到重向右下弧弯行笔，到起钩处略顿笔向左上勾出，收笔要出尖。书写时下笔处和起钩处上下应在一条垂直线上。如图所示：

笔画	起笔	行笔	收笔	字		例	
)	丶	)	)	了	子	手	象

（五）戈钩：下笔稍重，向右下弧直行笔，到起钩处向上勾出，收笔要出尖。写戈钩关键是要保持一定的弧度，太直、太弯都会影响整个字的美感。如图所示：

笔画	起笔	行笔	收笔	字		例	
㇂	丶	㇂	㇂	民	氏	成	我

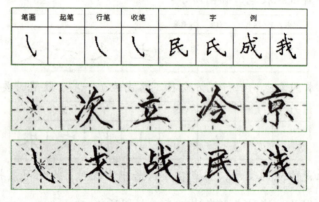

（六）卧钩：下笔稍轻，先向右下（笔画由轻到重），再圆转向右水平方向行笔，到起钩处向左上勾出，钩要出尖，但不宜过大。如图所示：

笔画	起笔	行笔	收笔	字		例	
㇃	丶	㇃	㇃	心	必	志	思

阅读及书写任务

1. 熟读妙文华章里的文章。
2. 背诵诗词精粹里的诗篇。
3. 每日书写先哲警句、名人名言，特别注意点、提、竖钩、弧弯钩、戈钩、卧钩的笔画书写。

书写范例如下：

第三单元
感恩尚义

单元导读

"感恩"是生命的高尚本能,是人性的道义呈现,是生活的高级智慧。

本单元选取了《论语》《诗经》《战国策》等古代经典中的名句,罗曼·罗兰、居里夫人等名人的名言,李绅的《悯农》、王怀让的《我骄傲 我是中国人》、方志敏的《可爱的中国》(节选)等诗词,冰心的《荷叶母亲》、林清玄的《感恩的心》(节选)、莫言的《母亲》、莫怀戚的《散步》等散文。

通过对本单元内容的诵读和书写,我们能感悟其内涵,常存感恩之心,常怀感恩之情,常修感恩之德,常付感恩之行,为我们的校园、家庭和社会再多添一分理解和宽容,多加一分和谐和温暖!

先哲警句

1. 哀哀父母，生我劬劳。 ——《诗经·小雅》

   注释："劬（qú）劳"，辛劳、劳苦。

   译： 可怜我的父母，生我养我受尽辛苦。

2. 孩提之童，无不知爱其亲者；及其长也，无不知敬其兄也。亲亲，仁也；敬长，义也。
   ——《孟子·尽心上》

   译： 小孩子没有不知道爱自己父母的，待到年长，没有不懂得尊敬兄长的。爱父母，是仁；敬兄长，是义。

3. 无言而不雠，无德而不报。投我以桃，报之以李。 ——《诗经·大雅》

   注释："雠"（chóu），应答。"德"，恩德。

   译： 别人和我说话我要回应，别人对我有恩我要报答。别人送我桃子，我要回报他李子。

4. 以直报怨，以德报德。 ——《论语·宪问》

   译： 用正直回报怨恨，用恩德回报恩德。

5. 君子有三乐。父母俱存，兄弟无故，一乐也。仰不愧于天，俯不怍于人，二乐也。得天下英才而教育之，三乐也。 ——《孟子·尽心上》

   译： 君子有三件快乐的事。父母都健在，兄弟没病没灾，这是第一乐；上不愧于天，下不愧于人，这是第二乐；得到天下优秀的人才培养他们，这是第三乐。

6. 贤贤易色；事父母，能竭其力；事君，能致其身；与朋友交，言而有信。
   ——《论语·学而》

   注释："贤贤易色"，第一个"贤"是动词，尊敬、恭敬；第二个"贤"是名词，有才德的人。

   译： 尊重贤德，不以貌取人；侍奉父母，能尽心竭力；事奉国君，能全身心投入；与朋友交往，言而有信。

7. 鱼，我所欲也；熊掌，亦我所欲也。二者不可得兼，舍鱼而取熊掌者也。生，亦我所欲也；义，亦我所欲也。二者不可得兼，舍生而取义者也。　——《孟子·告子上》

译：鱼，是我想要的；熊掌，也是我想要的。如果二者不能兼得，我会舍鱼而取熊掌。生命是我想要的，道义也是我想要的。如果两者不能兼得，我会舍弃生命而选择道义。

8. 君子喻于义，小人喻于利。　——《论语·里仁》

译：君子看重道义，小人看重利益。

9. 君子交绝，不出恶声；忠臣去国，不洁其名。　——《战国策》

译：君子与人交情断了，也不说伤人的话；忠臣被迫离开祖国，也不为自己辩白。

10. 穷不失义，达不离道。　——《孟子·尽心上》

译：穷困时不失掉道义，发达时也不背弃原则。

11. 穷则独善其身，达则兼济天下。　——《孟子·尽心上》

译：穷困不得志就洁身自好修养自身，显达得志就心怀天下造福百姓。

12. 君子矜而不争，群而不党。　——《论语·卫灵公》

注释："矜"（jīn），庄重，矜持，慎重拘谨。

译：君子为人庄重不争强好胜，合群不拉帮结派。

13. 仁者不忧，知者不惑，勇者不惧。　——《论语·宪问》

译：仁义的人不忧虑，智慧的人不迷茫，勇敢的人不恐惧。

14. 君子之于天下也，无适也，无莫也，义之与比。　——《论语·里仁》

译：君子对于天下的人和事，没有远近亲疏之别，只有遵循道理的义为衡量标准。

15. 天下有义则生，无义则死；有义则富，无义则贫；有义则治，无义则乱。

——《墨子·天志》

译：天下的事，合乎道义就能生存，不合道义就灭亡；合乎道义就能富足，不合道义就穷困；合乎道义就太平，不合道义就生祸乱。

16. 君子有勇而无义为乱，小人有勇而无义为盗。　——《论语·阳货》

译：君子勇敢不讲道义就会作乱；小人勇敢不讲道义就会做强盗。

17. 君子有三畏：畏天命，畏大人，畏圣人之言。　　　　　　——《论语·季氏》

译：君子有三点敬畏：敬畏自然的规律，敬畏德高望重的人，敬畏先哲的遗训。

18. 仓廪实而知礼节，衣食足而知荣辱。　　　　　　　　　——《史记·管晏列传》

译：粮仓充实了就注重礼节礼仪，衣食饱暖了就懂得荣辱廉耻。

19. 恻隐之心，仁也；羞恶之心，义也；恭敬之心，礼也；是非之心，智也。仁义礼智，非由外铄我也，我固有也。　　　　　　　　　　　　　　　——《孟子·告子上》

译：同情心是仁，羞耻心是义，恭敬心是礼，是非心是智。仁义礼智不是外力强加给我们的，而是我们本来就有的。

20. 君子有九思：视思明，听思聪，色思温，貌思恭，言思忠，事思敬，疑思问，忿思难，见得思义。　　　　　　　　　　　　　　　　　　　——《论语·季氏》

译：君子有九种要用心思考的事：看的时候要思考是否看清楚了，听的时候要思考是否听清楚了，自己的脸色要思考是否温和，容貌要思考是否谦恭，言谈的时候要思考是否真诚，做事的时候要思考是否认真谨慎了，遇到疑惑时要思考是否需要向人询问，愤懑发怒时要思考是否有后患，获取财利时要思考是否合乎道义。

名人名言

1. 生活需要一颗感恩的心来创造，一颗感恩的心需要生活来滋养。　——王符

2. 一个志气高傲的灵魂，是决不违背信义的。　——罗曼·罗兰（法国）

3. 人家帮我，永志不忘；我帮人家，莫记心上。　——华罗庚

4. 没有感恩就没有真正的美德。　——卢梭（法国）

5. 感恩是精神上的一种宝藏。　——洛克（英国）

6. 感谢命运，感谢人民，感谢思想，感谢一切我要感谢的人。　——鲁迅

7. 不管一个人取得多么值得骄傲的成绩，都应饮水思源，应该记住是自己的老师为他们的成长播下了最初的种子。　——居里夫人（法国）

8. 即使全世界都毁灭了，正义也是不能没有的。　——罗曼·罗兰（法国）

9. 哪里有正义，哪里就是圣地。　——培根（英国）

10. 在许多美德中，我认为"感激"是最值得称道的，反过来说，忘恩负义便是顶卑鄙的行为。　——薄伽丘（意大利）

11. 感恩即是灵魂上的健康。　——尼采（德国）

12. 做人就像蜡烛一样，有一分热发一分光，给人以光明，给人以温暖。——萧楚女

13. 行不义的人比遭受这个不义行为的人更不幸。 ——德谟克利特（古希腊）

14. 只要提着正义之剑攻击，再柔弱的手臂也会力大无穷。——韦伯斯特（美国）

15. 卑鄙是卑鄙者的通行证，高尚是高尚者的墓志铭。 ——北岛

16. 慈善的行为比金钱更能解除别人的痛苦。 ——卢梭（法国）

17. 如果说我比别人看得略微远些，那是因为我站在巨人们的肩膀上的缘故。
　　　　　　　　　　　　　　　　　　　　　——牛顿（英国）

18. 人世间最美丽的情景是出现在当我们怀念母亲的时候。——莫泊桑（法国）

19. 家庭之所以重要，主要是因为它能使父母获得情感。——罗素（英国）

20. 蜜蜂从花中啜蜜，离开时嘤嘤地道谢。浮夸的蝴蝶却相信花是应该向它道谢的。
　　　　　　　　　　　　　　　　　　　　　——泰戈尔（印度）

　　　人可以控制行为却不能约束感情因为感情是变化无常的。　——[德]尼采

　　　外表的美只能取悦于人的眼睛而内在的美却能感染人的灵魂。——[法]伏尔泰

诗词精粹

悯 农
〔唐〕李 绅

锄禾日当午，汗滴禾下土。
谁知盘中餐，粒粒皆辛苦。

清 明
〔唐〕杜 牧

清明时节雨纷纷，路上行人欲断魂。
借问酒家何处有？牧童遥指杏花村。

回乡偶书
〔唐〕贺知章

少小离家老大回，乡音无改鬓毛衰。
儿童相见不相识，笑问客从何处来？

我骄傲我是中国人

王怀让

在无数蓝色的眼睛和棕色的眼睛之中,
我有一双宝石般的黑色的眼睛,
我骄傲,我是中国人!

在无数白色的皮肤和黑色的皮肤之中,
我有着大地般的黄色的皮肤,
我骄傲,我是中国人!

我是中国人——
黄土高原是我挺起的胸脯,
黄河流水是我沸腾的血液,
长城是我扬起的手臂,
泰山是我站立的脚跟。

我是中国人——
我的祖先最早走出森林,

我的祖先最早开始耕耘,

我是指南针、印刷术的后裔,

我是圆周率、地动仪的子孙。

在我的民族中

不光有史册上万古不朽的

孔夫子、司马迁、李自成、孙中山,

还有那文学史上永远活着的

花木兰、林黛玉、孙悟空、鲁智深。

我骄傲,我是中国人。

我是中国人——

在我的国土上不光有

雷电轰不倒的长白雪山、黄山劲松,

还有那风雨不灭的井冈传统、延安精神!

我骄傲,我是中国人。

我是中国人——

我那黄河一样粗犷的声音,

不光响在联合国的大厦里,

大声发表着中国的议论,

也响在奥林匹克的赛场上,

大声高喊着"中国得分"。

当掌声把五星红旗托上蓝天,

我骄傲,我是中国人!

我是中国人——

我那长城一样巨大的手臂,

不光把采油钻杆钻进外国人

预言打不出石油的地心；

也把神舟飞船送上祖先们

梦里也没有到过的太空；

当五大洲倾听东方的时候，

我骄傲，我是中国人！

我是中国人，

我是莫高窟壁画的传人，

让那翩翩欲飞的壁画与我们同往。

我们就是飞天，

飞天就是我们。

我骄傲，我是中国人！

囚　歌

叶　挺

为人进出的门紧锁着，
为狗爬出的洞敞开着，
一个声音高叫着：
——爬出来吧，给你自由！

我渴望自由，
但我深深地知道——
人的身躯怎能从狗洞子里爬出！
我希望有一天
地下的烈火，
将我连这活棺材一齐烧掉，
我应该在烈火与热血中得到永生！

可爱的中国（节选）

方志敏

朋友！中国是生育我们的母亲。

你们觉得这位母亲可爱吗？

我想你们是和我一样的见解，

都觉得这位母亲是蛮可爱蛮可爱的。

以言气候，

中国处于温带，

不十分热，也不十分冷，

好像我们母亲的体温，不高不低，

最适宜于孩儿们的偎依。

如果我能生存，

那我生存一天，就要为中国呼喊一天；

如果我不能生存，死了，

我流血的地方，或在我瘗骨的地方，

或许会长出一朵可爱的花来，

这朵花你们可视为我精诚的寄托吧！

朋友，我相信，到那时，

到处都是活跃跃的创造，

到处都是日新月异的进步。

欢歌将代替悲叹，笑脸将代替哭脸。

富裕将代替贫穷，康健将代替疾苦。

智慧将代替愚昧，友爱将代替仇杀。

生之快乐将代替死之悲哀，

明媚的花园将代替凄凉的荒地！

这时我们民族就可以无愧色地立在人类的面前，

而生育我们的母亲，

也会最美丽地装饰起来，

与世界上各位母亲平等地携手了。

这么光荣的一天，

决不在辽远的将来，

而在很近的将来，

我们可以这样相信的，朋友！

妙文华章

荷叶母亲
冰 心

父亲的朋友送给我们两缸莲花，一缸是红的，一缸是白的，都摆在院子里。8年之久，我没有在院子里看莲花了——但故乡的园院里，却有许多；不但有并蒂的，还有三蒂的，四蒂的，都是红莲。

9年前的一个月夜，祖父和我在园里乘凉。祖父笑着和我说："我们园里最初开三蒂莲的时候，正好我们大家庭里添了你们三个姊妹。大家都欢喜，说是应了花瑞。"半夜里听见繁杂的雨声，早起是浓阴的天，我觉得有些烦闷。从窗内往外看时，那一朵白莲已经谢了，白瓣儿小船般散漂在水里，梗上只留个小小的莲蓬，和几根淡黄色的花须。那一朵红莲，昨夜还是菡萏（hàn dàn）的，今晨却开满了，亭亭地在绿叶中间立着。

仍是不适意！——徘徊了一会子，窗外雷声作了，大雨接着就来，愈下愈大。那朵红莲，被那繁密的雨点，打得左右欹斜（qī xié）。在无遮蔽的天空之下，我不敢下阶去，也无法可想。

对屋里母亲唤着，我连忙走过去，坐在母亲旁边——一回头忽然看见红莲旁边的一个大荷叶，慢慢的倾侧了下来，正覆盖在红莲上面……我不宁的心绪散尽了！

雨势并不减退，红莲却不摇动了。雨点不住地打着，只能在那勇敢慈怜的荷叶上面，聚了些流转无力的水珠。

我心中深深地受了感动——

母亲啊！你是荷叶，我是红莲，心中的雨点来了，除了你，谁是我在无遮拦天空下的荫蔽？

感恩的心（节选）

林清玄

　　心存感恩。对父母心存感恩，因为他们给予我生命，让我健康长成，肯一次次牵扶，让我在远离家乡的地方放飞理想；对师长心存感恩，因为他们给了我教诲，让我抛却愚昧，懂得思考，在工作的历程中实现自我；对兄弟姐妹心存感恩，因为他们让我在这尘世间不再孤单，让我知道有人可以和我血脉相连；对朋友心存感恩，因为他们给了我友爱，让我在孤寂无助时倾诉、依赖，看到希望和阳光。感谢曾帮助过我的人，他们用暖暖的心灯让我发现生命是如此丰厚而富有；感谢肯接受我帮助的人，他们用淡淡的柔弱让我可以把这份良善续延。

母　亲
莫　言

我五岁的时候，正处于中国历史上一个艰难的岁月。生活留给我最初的记忆是母亲坐在一棵白花盛开的梨树下，用一根洗衣用的紫红色的棒槌，在一块白色的石头上，捶打野菜的情景。绿色的汁液流到地上，溅到母亲的胸前，空气中弥漫着野菜汁液苦涩的气味。那棒槌敲打野菜发出的声音，沉闷而潮湿，让我的心感到一阵阵地紧缩。

这是一个有声音、有颜色、有气味的画面，是我人生记忆的起点，也是我文学道路的起点。这个记忆的画面中更让我难以忘却的是，愁容满面的母亲，在辛苦地劳作时，嘴里竟然哼唱着一支小曲！我母亲她一生中遭受的苦难，真是难以尽述。战争、饥饿、疾病，在那样的苦难中，是什么样的力量支撑她活下来，是什么样的力量使她在饥肠辘辘、疾病缠身时还能歌唱？我在母亲生前，一直想跟她谈谈这个问题，但每次我都感到没有资格向母亲提问。

有一段时间，村子里连续自杀了几个女人，我莫名其妙地感到了一种巨大的恐惧。那时候我们家正是最艰难的时刻，父亲被人诬陷，家里存粮无多，母亲旧病复发，无钱医治。我总是担心母亲走上自寻短见的绝路。每当我下工归来时，一进门就要大声喊叫，只有听到母亲的回答时，心中才感到一块石头落了地。有一次下工回来已是傍晚，母亲没有回答我的呼喊，我急忙跑到牛栏、磨房、厕所里去寻找，都没有母亲的踪影。我感到最可怕的事情发生了，不由得大声哭起来。这时，母亲从外边走了进来。母亲对我的哭泣非常不满，她认为一个人尤其是男人不应该随便哭泣。她追问我为什么哭。我含糊其词，不敢对她说出我的担忧。母亲理解了我的意思，她对我说："孩子，放心吧，阎王爷不叫我是不会去的！"这是一个母亲对她的忧心忡忡的儿子做出的庄严承诺。现在，尽管母亲已经被阎王爷叫去了，但母亲这句话里所包含着的面对苦难挣扎着活下去的勇气，将永远伴随着我，激励着我。

在那些饥饿的岁月里，我看到了许多因为饥饿而丧失了人格尊严的情景，譬如为了得到一块豆饼，一群孩子围着村里的粮食保管员学狗叫。保管员说，谁学得最像，豆饼就赏赐给谁。我也是那些学狗叫的孩子中的一个。大家都学得很像。保管员便把那块豆饼远远地掷了出去，孩子们蜂拥而上抢夺那块豆饼。这情景被我父亲看到眼里。回家后，父亲严厉地批评了我。爷爷也严厉地批评了我。爷爷对我说：嘴巴就是一个过道，无论是山珍海味，还是草根树皮，吃到肚子里都是一样的，何必为了一块豆饼而学狗叫呢？人应该有骨气！他们的话，当时并不能说服我，因为我知道山珍海味和草根树皮吃到肚子里并不一样！但我也感到了他们的话里有一种尊严，这是人的尊严，也是人的风度。人，不能像狗一样活着。

　　饥饿的岁月使我体验和洞察了人性的复杂和单纯，使我认识到了人性的最低标准，使我看透了人的本质的某些方面。我的父母、祖父母和许多像他们一样的人，为我树立了光辉的榜样。这些普通人身上的宝贵品质，是一个民族能够在苦难中不堕落的根本保障，也正是文学的灵魂。

人这一辈子

石钟山

家是什么，每个人对家的理解或许都是不一样的。每个人、每个时期，对于家的概念也有着千丝万缕的差别。家是藏在心底里的一个小巢，秘密而又温暖，不管什么人，只要一想起家，心里是热的，眼睛是潮湿的。

童年的家，是放在床头的一本小人书，是藏在床下角落里的一把弹弓，还有母亲的一声声呼唤。童年对家眷恋而又无知，有一串笑声，有一份梦想就足够了。它不需要有多大，只要能装载下那一点点玩梦便足够了。童年时对家没有更多的奢望，贫也好，富也好，大也罢，小也罢，它装载的都是童年的天真和欢乐，真实的梦幻。父亲是座山，母亲是条河，父母的风景是流动的，是动人的。

青年人的家是一张床，它是客栈，是临时的一处居所。因为是青年了，就有了许多在外面的世界闯荡的理由，疲了，累了，那一张床便成了休身养息的地方。这里有父亲探询的目光，母亲无休止的唠叨。青年人对这一切都习惯了，吃了，喝了，睡了，力气和勇气又重新回到了身上，一虎身站起来，青年已人高马大，个头早已超过了父母。父母小心仰视着眼前的青年，青年人无所顾忌地甩一下头，很响地带上房门，走了。留在家里的是父母双亲担心的叹息。

青年人闯荡出了一些眉目，便在家里大着声音讲话，指点江山；失意了，家就是一个港湾，是父亲伸过来的一条臂膀，是母亲盛满爱意的热面。青年人忍不住，流泪了。在家里流下的眼泪，是咸是淡都不重要，重要是换来了同情和鼓励，这时的家，更像是一座加油站、避风港。

青年人有时对家也会生出烦来，母亲的唠叨，父亲的阻止，让青年人觉得碍手碍脚，然后就一门心思地想，要是没有家里的管束多好，想干吗就干吗，于是就盼着自己有个家。日子复日子地过着，青年人长大了，大到了谈婚论嫁、成家立业了。

终于，青年人成家了，有了自己的家。从父母的家里分离出来，正如当年从父母的身体里分裂出来一样。青年人有了妻子或丈夫，两个人的世界构一个爱的小巢，每天清晨在门口分别，爱意缠在心口，一天都是温暖、踏实的。终于盼到适于重逢的时候，厨房里是两个人忙碌的身影，然后是饭桌前的恩爱，和着有一搭无一搭的拌嘴，这时的家甜蜜又温馨。

一晃，他们生子了。随着一声啼哭，小家便红火了、热闹了，接下来的日子里，苦苦辣辣酸酸甜甜。年轻的父母开始为家牵肠挂肚，孩子吃饱了吗，喝水了吗，睡觉了吗？出去玩儿得小心，要注意安全。提心吊胆了一整日，下班铃一响，抓起包往家赶。推开门，看见孩子仰着小脸正冲着自己笑，叫一声爸爸和妈妈，这一刻，就是家的全部。

游子的家又是另一番模样了，在遥远的异地，不管成功与失败，不管成家立业多少年，他们的背后都仍然有另外一个家，那就是他们曾经出生、成长，后来又离开的家。身在异地他们总是感到不踏实，梦也总是出奇的多，这些梦大都和家有关。年迈的双亲，儿时的伙伴，还有门前流淌的河——无一不在梦中迭现。抹一把脸颊，才发现已被梦中的泪水湿。忙也好，闲也罢，下了决心，挤出时间，焦渴地说一声：回家。

此时游子已然忘了自己的小家，想的更多的是故乡那个家。坐火车，坐飞机，回来了，远远地望见了故乡上空飘着的炊烟，又看见了那条青石板路，还有那条已经干涸的小河，热热地唤一声：到家了。

直到这时，游子的心才是踏实的，坐在父母面前，听父亲因操劳一辈子而发出的叹息，和母亲衰弱的唠叨，游子流泪了。泪热热地一直流到父母的心里。

游子心安神泰地住上几日，便又惦念起远在千里的小家了。孩子还好吗，家里还好吗？于是，又心神不定地踏上了回程。匆匆推开家门，看着熟悉的一切，心踏实了下来。这样的心情不会持续太久，遥远的那个家，又成了永远的想念。于是又一番的重复，时光荏苒，就有了日子，有了年头。

家，永远是人们心口的痛。

散　步

莫怀戚

我们在田野散步：我，我的母亲，我的妻子和儿子。母亲本不愿出来的。她老了，身体不好，走远一点就觉得很累。我说，正因为如此，才应该多走走。母亲信服地点点头，便去拿外套。她现在很听我的话，就像我小时候很听她的话一样。天气很好。今年的春天来得太迟，太迟了，有一些老人挺不住。但是春天总算来了。我的母亲又熬过了一个严冬。这南方初春的田野，大块小块的新绿随意地  铺着，有的浓，有的淡；树上的嫩芽也密了；田里的冬水也咕咕地起着水泡。这一切都使人想着一样东西——生命。我和母亲走在前面，我的妻子和儿子走在后面。小家伙突然叫起来："前面也是妈妈和儿子，后面也是妈妈和儿子。"我们都笑了。后来发生了分歧：母亲要走大路，大路平顺；我的儿子要走小路，小路有意思。不过，一切都取决于我。我的母亲老了，她早已习惯听从她强壮的儿子；我的儿子还小，他还习惯听从他高大的父亲；妻子呢，在外面，她总是听我的。一霎时我感到了责任的重大。我想找一个两全的办法，找不出；我想拆散一家人，分成两路，各得其所，终不愿意。我决定委屈儿子，因为我伴同他的时日还长。我说："走大路。"但是母亲摸摸孙儿的小脑瓜，变了主意："还是走小路吧。"她的眼随小路望去：那里有金色的菜花，两行整齐的桑树，尽头一口水波粼粼的鱼塘。"我走不过去的地方，你就背着我。"母亲对我说。这样，我们在阳光下，向着那菜花、桑树和鱼塘走去。到了一处，我蹲下来，背起了母亲，妻子也蹲下来，背起了儿子。我的母亲虽然高大，然而很瘦，自然不算重；儿子虽然很胖，毕竟幼小，自然也轻；但我和妻子都是慢慢地，稳稳地，走得很仔细，好像我背上的同她背上的加起来，就是整个世界。

用感恩的心去工作

唐 朝

一、每个人都需要学会感恩

我们知道,"感恩"是个舶来词,牛津字典给"感恩"的定义是:"乐于把得到好处的感激呈现出来并且回馈他人。""感恩"是因为我们生活在这个世界上,这里的一切都对我们有恩情!

学会用感恩的心来对待工作

"感恩"最初来自基督教。其本意是要信徒感谢主为了拯救世人所做的牺牲而被钉十字架,感谢主的慈爱与宽容,感谢兄弟姐妹的支持与帮助等。所以,不难理解,感恩必然能够促使人们扩充心灵空间的"内存",让人们逐渐仁爱、宽容起来,并减少人与人之间的摩擦,化解人与人之间的矛盾,缩短人与人之间的距离,增强人与人之间的合作。

感恩节是美国人定下的一个古老的节日,在每年11月的最后一个星期四是感恩节。

1620年,著名的"五月花"号满载不堪忍受英国国内宗教迫害的清教徒到达北美洲。年关交替,寒冬腊月,他们遭遇了难以想象的困难,处在饥寒交迫之中。冬天过去了,活下来的移民很少。这时,印第安人给移民们送来了生活必需品,善良的印第安人还特地派人教他们怎样狩猎、捕鱼和种植玉米、南瓜。在印第安人的帮助下,移民们终于获得了丰收,在欢庆丰收的日子,按照传统习俗,移民们确定了感谢上帝的日子,并决定为感谢印第安人的真诚帮助,邀请他们一同庆祝节日。

在第一个感恩节的当天,印第安人和移民们欢聚一堂,他们在黎明时鸣放礼炮,列队走进一间当作教堂的屋子,虔诚地向上帝表达谢意,然后点起篝火举行盛大宴会。第二天和第三天又举行了赛跑、摔跤、唱歌、跳舞等活动。第一个感恩节非常成功,其中许多庆祝方式流传了300多年,一直保留到今天。

每到感恩节这一天,美国举国上下非常热闹,人们按照习俗前往教堂做感恩祈祷,城乡市镇到处都有化装游行、戏剧表演或体育比赛等。辛苦奔波了一年的亲人们也会从天南海北归来,一家人团团圆圆,品尝美味的感恩节火鸡。在感恩节的夜晚,家家户户都大摆筵席,食物非常丰盛。在节日的餐桌上,上至总统,下至庶民,火鸡和南瓜饼都是必备的食物。这两种"珍品"体现了美国人民回忆先民艰难开拓的经历，追思第一个感恩节的情怀。

在今天的美国人心目中，感恩节比圣诞节还要重要。感恩节期间，散居在他乡的家人，都会赶回家过节，此外，美国人一年中最重视的一餐，就是感恩节这一天的晚宴。这已经成了全国性的习俗。在美国这个快节奏的国家里，平日的饮食根据我们所了解的流行于世界的"美国快餐文化"，就可以知道是极为简单的了。

多少年来，感恩带给美国人的福祉是无以言表的。作为社会文化的一部分，无论是人伦教化，还是校正人们的心态，净化人们的心灵，它都是一剂良方。它使人的内心更加深沉博大。

在我国，虽然没有专门来表达感恩之情的节日，但"感恩"思想却源远流长。"谁言寸草心，报得三春晖""谁知盘中餐，粒粒皆辛苦"，这些诗句让我们知道：在很久以前，"感恩"就深入了人心。同时，作为礼仪之邦的中华民族对"感恩"在许多方面也有所描述，如"滴水之恩当涌泉相报""吃水不忘挖井人""得人花果千年香，得人恩惠万年记"等。

感恩是一种发自内心的生活态度。其实对生活感恩，就是善待自我，学会生活。

事实上，我们也非常需要感恩，可令人遗憾的是，在现实生活中有些人过着丰衣足食的日子，却抱怨生活不够富裕；面对关爱我们的父母亲人，却抱怨他们太过唠叨；拥有了平静安稳的婚姻，却抱怨生活太平淡，没有激情；看到别人升迁，便会抱怨命运的不公平……

我们似乎已经忘却，曾几何时，当我们还在贫困中挣扎时，是那样渴盼能过上温饱的日子，哪怕只有一天，我们也会感恩；当我们在失意的痛苦中徘徊时，是那样渴盼真诚的问候和鼓励，哪怕只有一句，我们也会感恩；当我们跌倒了无力爬起时，是那样渴盼能有人过来搀扶，哪怕只有一下，我们同样也会感恩。

如果我们学会了感恩，就会懂得宽容，不再抱怨，不再计较；学会感恩，我们便能以一种更积极的态度去回报我们身边的人；学会感恩，我们会抱着一颗感恩之心，去帮助那些需要帮助的人；学会感恩，我们会摒弃那些阴暗自私的欲望，使心灵变得澄清明净……

知恩才会图报。工作中，如果我们每个人都怀有一颗感恩的心，人人都怀感念之情，那么整个社会将会更加和谐，我们的工作也将会更有创造力。

二、感恩是一种精神

在人生的道路上，时常会遇到让人感动和铭记的事。

但是在当今社会，我们常常对周围的一切不以为然，有些人把金钱和利益看得太重，而忽视了人与人之间的感情，觉得父母的细心照顾、朋友的关心帮助都是理所当然的，忙忙碌碌的生活，让我们忘记了感恩，也无暇去感恩，这不能不说是一种悲哀。

在日常生活、工作和学习中所得到的点点滴滴的关心与帮助，都值得我们用心去铭记——铭记那无私的人性之美和不图回报的惠助之恩。感恩不仅仅是为了报恩，因为有些恩泽是我们无法回报的，有些恩情更不是等量回报就能一笔还清的，唯有用纯真的心灵去感激、去铭记，才能真正对得起给予你恩惠的人们。

一位盲人曾经请人在自己乞讨用的牌子上这样写道："春天来了，而我却看不到她。"我们与这位盲人相比，与那些失去生命和自由的人相比，目前能健康地生活在世界上，谁说不是一种命运的恩赐？想想这些，我们还会抱怨命运对自己的不公平吗？

在一个闹饥荒的城市，一个家庭殷实而且心地善良的面包师把城里最穷的几十个孩子聚集到一块儿，然后拿出一个盛有面包的篮子，对他们说："这个篮子里的面包你们一人一个。在上帝带来好光景以前，你们每天都可以来拿一个面包。"

瞬间，这些饥饿的孩子一窝蜂似的涌了上来，他们围着篮子推来挤去大声叫嚷着，谁都想拿到最大的面包。当他们每人都拿到了面包后，竟然没有一个人向这位好心的面包师说声谢谢就走了。

但是有一个叫依娃的小女孩却例外，她既没有同大家一起吵闹，也没有与其他人争抢。她只是谦让地站在一步以外，等别的孩子都拿到以后，才把剩在篮子里最小的一个面包拿起来。她并没有急于离去，她向面包师表示了感谢，并亲吻了面包师的手之后才向家走去。

第二天，面包师又把盛面包的篮子放到了孩子们的面前，其他孩子依旧如昨日一样疯抢着，羞怯、可怜的依娃只得到一个比头一天还小一半的面包。当她回家以后，妈妈切开面包，许多崭新、发亮的银币掉了出来。

妈妈惊奇地叫道:"立即把钱送回去,一定是面包师揉面的时候不小心揉进去的。赶快去,依娃,赶快去!"当依娃拿着钱回到面包师那里,并把妈妈的话告诉面包师的时候,面包师慈爱地说:"不,我的孩子,这没有错,是我把银币放进小面包里的,我要奖励你。愿你永远保持现在这样一颗感恩的心。回家去吧,告诉你妈妈这些钱是你的了。"她激动地跑回了家,告诉了妈妈这个令人兴奋的消息,这是她的感恩之心得到的回报。

其实,感恩并不要求回报。无力报答,或一时无机会报答,都不要紧,只要心中长存感恩、常念回报就行,因为感恩最重要的是一种精神。

有一位单身女子刚搬了家,她发现隔壁住了一户穷人,一个寡妇与两个小孩子。有天晚上,那一带忽然停了电,那位女子只好自己点起了蜡烛。没一会儿,忽然听到有人敲门。

原来是隔壁邻居的小孩子,他紧张地问:"阿姨,请问你家有蜡烛吗?"女子心想:"他们家竟穷到连蜡烛都没有吗?千万别借他们的,免得被他们缠上了!"

于是,对孩子吼了一声说:"没有!"正当她准备关上门时,那穷小孩微笑着轻声说:"我就知道你家一定没有!"然后,竟从怀里拿出两根蜡烛,说:"妈妈怕你一个人住又没有蜡烛,所以让我带两根来送你。"

此刻,女子自责、感动得热泪盈眶,将那小孩子紧紧地拥在怀里。

常怀感恩之心,便会更加感激和怀想那些有恩于自己却不言回报的每一个人。正是因为他们的存在,才有了我们今天的幸福和喜悦。常怀感恩之心,又足以稀释我们心中狭隘的积怨,感恩之心还可以帮助我们度过最大的灾难和痛苦。

感恩,就像阳光一样,带给我们温暖和美丽。

无论你从事何种职业,只要你胸中常怀着一颗感恩的心,随之而来的,就必然会不断地涌动着诸如温暖、自信、坚定、善良等这些美好的处世品格。自然地,你的生活中便有了一处处动人的风景。

三、感恩是多赢的工作哲学

爱默生说:"人生最美丽的补偿之一,就是人们在真诚地帮助别人之后,也帮助了自己。"所以,应该伸出你的手去帮助别人,而不是伸出脚去试图绊倒他们。

在生活和工作中，人们往往因陌生人的帮助而感动不已，但对身边许多与自己关系密切的人的恩德却视而不见，他们把这些视为自己应得的。即使有感恩的心，也常常只是记得感谢给我们关心、帮助、掌声的人，在他们需要帮助的时候也会助一臂之力，却很少有人去感激伤害、欺骗、打击过我们的人，我们常常对他们报以怨恨。其实，对那些伤害过我们、带给我们疼痛的人，我们也应该感恩，正是他们让我们对这个世界有了一个更深刻的认识，我们不仅要学会用一颗感恩的心去体会真情，更要学会用一颗感恩的心去驱逐伤害。

刘洁毕业于哈佛大学商学院，曾就职于美国西南航空公司。与她相处过的同事都对她的微笑、善良和勤劳留有深刻的印象，几乎每一个和她相处过的人都成了她的朋友。有人不解，问刘洁有什么与人相处的秘诀。刘洁微笑着说：一切应该归功于我的父亲。在我很小的时候他就教导我，对周围任何人的给予，都应该抱有感恩的心态，而且要永远铭记，要使自己尽快忘记那些不快。我幸运地获得了这份工作，有很多友善的同事，虽然上司对我的要求很严格，但在生活方面对我很照顾。所有的这一切，我都铭记在心，对他们心存感激。我一直带着这种感激的态度去工作，很快我就发现，一切都美好起来，一些微不足道的不快也很快过去。我总是工作得很开心，大家也都很乐意帮助我。

企业也是一样，所有的同事都更愿意帮助那些知恩图报的人，老板也更愿意提拔那些一直对公司抱有感恩心态的员工，因为这些员工更容易相处，对工作更富有热情，对公司更忠诚。

感恩是一种积极的心态，更是一种向上的力量。当你以一种知恩图报的心情去工作时，你会工作得更愉快、更有效率。

张辉是美国奥美广告公司的一名设计师，有一次被公司总部安排前往德国工作。与美国轻松、自由的工作氛围相比，德国的工作环境显得紧张、严肃并有紧迫感，这让张辉很不适应。

张辉向上司抱怨："这边简直糟透了，我就像一条放在死海里的鱼，连呼吸都很困难！"上司是一位在德国工作多年的美国人，他完全能理解张辉的感受。

"我教你一个简单的方法，每天至少说五十遍'我很感激'或者'谢谢你'，记住，要面带微笑，要发自内心。"

张辉抱着试试看的态度,一开始觉得很别扭,要知道"刻意地发自内心"可不是件容易的事情。可是几天下来,张辉觉得周围的同事似乎友善了许多,而且自己在说"谢谢你"的时候也越来越自然,因为感激已经像种子一样在他心里悄悄发芽生根。

渐渐地,张辉发现周围的环境并不像自己想象中的那样糟糕。

到后来,张辉发现在德国工作是一件既能磨炼人又让人感到愉快的事情,是感恩的态度改变了这一切。

"谢谢你!""我很感激!"当你微笑而真诚地说出这些话之后,感恩的种子已经在你自己和别人的心里种下了,这是比任何物质奖励都宝贵的礼物。

学会感恩,不仅仅意味着要拥有宽广的胸襟和高尚的品德,实际上,它更应是一种愉悦自我的智慧。感恩是积极向上的思考和谦卑的态度,当一个人懂得感恩时,便会将感恩化作一种充满爱的行动,在生活中实践。感恩不是简单的报恩,它更是一种对工作的责任,一种追求阳光人生的精神境界。一个人会因感恩而感到工作顺利,会因感恩而感到心情愉悦。感恩的心,是一粒和谐的种子。我们只要怀有一颗感恩的心,就能发现生活的美好、世界的美丽,就能永远快乐地生活在温暖而充满真情的阳光里。

作为企业的一分子,无论你是才华出众的"领导人物",还是默默无闻的小职员,如果你始终抱着对工作、对企业、对老板感恩的心,就很容易成为一个受欢迎的人,会更有亲和力和影响力。

硬笔楷书笔画书写技巧

（一）竖弯：下笔写短竖，再圆转向右水平方向写短横，收笔稍重。如图所示：

笔画	起笔	行笔	收笔	字		例	
ㄴ	`	ㄴ	ㄴ	四	酉	西	尊

（二）竖弯钩：在竖弯的基础上，收笔时向上方勾出，笔画比竖弯要长一些。如图所示：

笔画	起笔	行笔	收笔	字		例	
ㄴ	`	ㄴ	ㄴ	儿	元	见	也

（三）竖提：下笔写竖，到适当处略顿笔向右上斜提，一笔写成，提的收笔处出尖。如图所示：

笔画	起笔	行笔	收笔	字		例	
㇙	`	㇙	㇙	长	民	良	衣

（四）横钩：下笔向右写横，行笔至起钩处顿笔向左下轻快勾出。注意钩不宜太大，要把力量送到笔尖。如图所示：

笔画	起笔	行笔	收笔	字		例	
㇖	一	一	㇖	皮	欠	买	卖

（五）横折：下笔从左到右写横，到折处稍顿笔再折笔向下写竖。注意横要平，竖要直，折要一笔写成，中间不可间断。折处不能写成"尖角"，也不能顿笔过大，形成"两个角"。如图所示：

笔画	起笔	行笔	收笔	字		例	
㇆	一	一	㇆	日	只	回	田

（六）横折钩：下笔写短横，略顿笔后折向下，有时稍稍向左倾斜一点，到起钩处略顿笔后向左上方勾出，一笔写成。如图所示：

笔画	起笔	行笔	收笔	字		例	
㇆	一	㇆	㇆	习	司	句	匀

阅读及书写任务

1. 熟读妙文华章里的文章。
2. 背诵诗词精粹里的诗篇。
3. 每日书写先哲警句、名人名言，特别注意竖弯、竖弯钩、竖提、横钩、横折、横折钩的笔画书写。

书写范例如下：

第四单元 崇俭尚德

单元导读

古人云，"俭，德之共也；侈，恶之大也""历览前贤国与家，成由勤俭破由奢"。诸葛亮把"静以修身，俭以养德"作为"修身"之道；朱子将"一粥一饭，当思来之不易；半丝半缕，恒念物力维艰"当作"齐家"的训言；毛泽东以"厉行节约，勤俭建国"为"治国"的经验。

本单元选取了《诫子书》《论语》《礼记》《道德经》等古代经典中的名句，萨迪、西塞罗、爱因斯坦等外国名人的名言，埃迪奥格恩的《我生长在一个富裕的家庭》、周国平的《相貌和心灵》等文章，从中我们能懂得勤俭节约不光是我们中华民族的优良传统，小到一个人、一个家庭，大到一个国家、整个人类，修身、齐家、治国都离不开勤俭节约。

通过对本单元内容的诵读和书写，我们能深刻理解党中央提出"建设节约型社会"的战略决策，并把加快建设节约型社会，提到"事关现代化建设进程和国家安全，事关人民群众福祉和根本利益，事关中华民族生存和长远发展"的高度。

先哲警句

1. 静以修身，俭以养德。　　　　　　　　　　　——诸葛亮《诫子书》

   译：宁静能够修养身心，节俭可以培养品德。

2. 饱食、暖衣、逸居而无教，则近于禽兽。　　　　——《孟子·滕文公上》

   译：人吃饱了、穿暖了、住安逸了却没有教养，离禽兽就不远了。

3. 饭疏食饮水，曲肱而枕之，乐亦在其中矣。不义而富且贵，于我如浮云。

   ——《论语·述而》

   译：吃粗粮喝白水，弯着胳膊当枕头，也乐在其中啊。用不正当手段获取财富和地位，对我来说就像浮云。

4. 富而可求也，虽执鞭之士，吾亦为之。如不可求，从吾所好。——《论语·述而》

   译：获取财富是通过正当的手段，就是拿着鞭子赶车的事，我也去做。如果不是，那就做我自己喜欢的事。

5. 富与贵，是人之所欲也，不以其道得之，不处也；贫与贱，是人之所恶也，不以其道得之，不去也。　　　　　　　　　　——《论语·里仁》

   译：财富和地位是人人都想得到的，不用正当的方法得到它，是不应该享受的；贫穷和低贱是人人都厌恶的，不用正当的方法摆脱它，是不可取的。

6. 堂高数仞，榱题数尺，我得志弗为也；食前方丈，侍妾数百人，我得志弗为也；般乐饮酒，驰骋田猎，后车千乘，我得志弗为也。　　——《孟子·尽心下》

   注释："榱（cuī）题"，屋檐下的椽子头，这里借指屋檐。

   注释："乘"（shèng），量词，辆。

   译：住的房子几丈高、屋檐几尺宽，面前摆满了美味佳肴，侍妾几百人，饮酒作乐，驰骋打猎，后面上千辆车跟着，我要是得志了不这么做。

7. 知足不辱，知止不殆。　　　　　　　　　　　　——《老子·道德经》

   译：懂得知足就不会受困受辱，知道适可而止就不会遭遇危险。

75

8. 己所不欲，勿施于人。　　　　　　　　　　　　　　——《论语·卫灵公》

　　译：自己不喜欢或做不到的，不要强加给别人。

9. 夫仁者，己欲立而立人，己欲达而达人。　　　　　——《论语·雍也》

　　译：仁德的人，自己要立足也让别人立足，自己要通达也让别人通达。

10. 君臣也，父子也，夫妇也，昆弟也，朋友之交也。五者天下之达道也。知仁勇三者，天下之达德也。　　　　　　　　　　　　　　　　　　　——《礼记·中庸》

　　译：君臣、父子、夫妇、兄弟、朋友之交，这五种关系是通行天下的大道。学习这五种关系是智慧，内化于心表现在行动上是仁德，力行实践是勇气，做到"知""仁""勇"这三者，是天下最大的美德。

11. 好学近乎知，力行近乎仁，知耻近乎勇。　　　　　——《礼记·中庸》

　　译：勤奋好学离智慧就近了，努力做事离仁德就近了，懂得廉耻离勇敢就近了。

12. 德不孤，必有邻。　　　　　　　　　　　　　　　——《论语·里仁》

　　译：有德的人不会孤单，一定会有人亲近他。

13. 知道者必达于理，达于理者必明于权，明于权者不以物害己。——《庄子·秋水》

　　注释："权"，权变，变化。

　　译：懂得道的人一定明白事物内在的关系和外在的变化，不会让外物伤害自己的内心。

14. 能行五者于天下，为仁矣。恭、宽、信、敏、惠。恭则不侮，宽则得众，信则人任焉，敏则有功，惠则足以使人。　　　　　　　　　　　　——《论语·阳货》

　　译：能在天下施行五种品德，就是仁了。恭敬、宽宏、忠信、敏捷、恩惠。恭敬就不会遭受侮辱，宽宏大量能得到大众拥护，忠诚信实能受到信任，做事敏捷能收获成绩，施恩惠能够使用人。

15. 里仁为美，择不处仁，焉得知。　　　　　　　　　——《论语·里仁》

　　译：有仁德的地方是美好的，不选择有仁德之风的地方居住，是不明智的。

16. 博学而笃志，切问而近思，仁在其中矣。　　　　　——《论语·子张》

　　注释："笃"（dǔ），忠实，一心一意。

　　译：坚定志向广博地学习，联系实际深入地思考，仁德就在其中了。

17. 非淡泊无以明志，非宁静无以致远。　　　　　　　——诸葛亮《诫子书》

　　译：不淡泊名利就无法明确志向，不安静平和就不能实现远大理想。

18. 以力服人者，非心服也，力不赡也。以德服人者，中心悦而诚服也。

　　　　　　　　　　　　　　　　　　　　　　　　——《孟子·公孙丑上》

　　译：靠武力使人服从，不是真心服从，而是力量不足以反抗。靠德行使人服从，才是心悦诚服。

19. 君子之德风，小人之德草，草上之风必偃。　　　——《论语·颜渊》

　　译：在上者的品德就像风，在下者的品德就像草，草一定是顺着风的方向倒下去。

20. 地势坤，君子以厚德载物。　　　　　　　　　　　　　——《易经》

　　译：大地的气势厚实和顺，君子处世应像大地一样，增厚美德，容载万物。

名人名言

1. 道德普遍地被认为是人类的最高目的，因此也是教育的最高目的。

   ——赫尔巴特（德国）

2. 没有伟大的品格，就没有伟大的人，甚至也没有伟大的艺术家、伟大的行动者。

   ——罗曼·罗兰（法国）

3. 把"德性"教给你们的孩子，使人幸福的是"德性"而非金钱，这是我的经验之谈。

   ——贝多芬（德国）

4. 我深信只有有道德的公民才能向自己的祖国致以可被接受的敬礼。——卢梭（法国）

5. 人在智慧上应当是明豁的，道德上应该是清白的，身体上应该是清洁的。

   ——契诃夫（俄国）

6. 简朴的生活，不但可使我们精神愉快，而且可以培养革命品质。 ——徐特立

7. 平日里节衣缩食，贫困时就容易渡过难关；富足时豪华奢侈，穷困时就会死于饥寒。

   ——萨迪（波斯）

8. 节约莫怠慢，积少成千万。 ——范继亭

9. 要是一个人的全部人格、全部生活都奉献给一种道德追求，要是他拥有这样的力量，一切其他的人在这方面和这个人相比起来都显得渺小的时候，那我们在这个人身上就看到崇高的美。 ——车尔尼雪夫斯基（俄国）

10. 如果道德败坏了，趣味也必然堕落。 ——狄德罗（法国）

11. 实际上，道德的基础不是对个人幸福的追求，而是对整体的幸福，对部落、民族、阶级、人类幸福的追求，这种愿望和利己主义毫无共同之点，相反地，它是要以或多或少的自我牺牲为前提的。 ——普列汉诺夫（俄国）

12. 只有道德和能具有道德的人格，才是有尊严的。 ——康德（德国）

13. 没有公民的道德，社会就会灭亡，没有个人道德，他们的生存就是失去了价值。

——罗素（英国）

14. 人类最重要的努力，是在我们的行为中追求道德，我们内心的安定，甚至我们自身的生存，都离不开道德。只有道德的行为，才能给生命以美和尊严。——爱因斯坦（美国）

15. 艰苦的生活比舒适的生活往往会更使人养成良好的品质。　　——费定（苏联）

16. 节俭之中蕴藏着一切美德。　　——西塞罗（古罗马）

17. 顺境的美德是节制，逆境的美德是坚韧，这后一种是较为伟大的德性。——培根（英国）

18. 对一个人的评价，不可视其财富出身，更不可视其学问的高下，而是要看他真实的品德。　　——培根（英国）

19. 没有德行的美貌，转眼即逝；可是在你的美貌中有一颗美好的灵魂，所以你的美常在。

——莎士比亚（英国）

20. 真正的美和真正的智慧一样，是非常朴素的。　　——高尔基（苏联）

21. 简单淳朴的生活，无论在身体上还是在精神上，对每个人都是有益的。

——爱因斯坦（美国）

22. 无论你出身高贵或者低贱，都无关宏旨，但你必须有做人之道。　　——歌德（德国）

23. 社会最需要的是良好的品德，其次才是丰富的学识。　　——罗曼·罗兰（法国）

24. 智育是德育的辅助品，学问只能作为辅佐品德之用，对于心地良好的人来说，学问对于德行与智慧都有帮助，对于心地不是良好的人来说，学问就会使他们变得更坏。

——洛克（英国）

25. 兴家犹如针挑土，败家好似浪淘沙。　　——民间谚语

> 大海之所以伟大除了它美丽壮阔坦荡外还有一种自我净化的功能 ——【德】康德

诗词精粹

竹 石

〔清〕郑 燮

咬定青山不放松，立根原在破岩中。
千磨万击还坚劲，任尔东西南北风。

凉 州 词

〔唐〕王 翰

葡萄美酒夜光杯，
欲饮琵琶马上催。
醉卧沙场君莫笑，
古来征战几人回？

长 歌 行

汉乐府

青青园中葵，朝露待日晞。
阳春布德泽，万物生光辉。
常恐秋节至，焜黄华叶衰。
百川东到海，何时复西归？
少壮不努力，老大徒伤悲！

热爱生命

汪国真

我不去想是否能够成功

既然选择了远方

便只顾风雨兼程

我不去想能否赢得爱情

既然钟情于玫瑰

就勇敢地吐露真诚

我不去想身后会不会袭来寒风冷雨

既然目标是地平线

留给世界的只能是背影

我不去想未来是平坦还是泥泞

只要热爱生命

一切,都在意料之中

我微笑着走向生活
汪国真

我微笑着走向生活，
无论生活以什么方式回敬我。
报我以平坦吗？
我是一条欢乐奔流的小河。
报我以崎岖吗？
我是一座大山庄严地思索。
报我以幸福吗？
我是一只凌空飞翔的燕子。
报我以不幸吗？
我是一根劲竹经得起千击万磨！
生活里不能没有笑声，
没有笑声的世界该是多么寂寞。
什么也改变不了我对生活的热爱，
我微笑着走向火热的生活！

香山红叶

国 风

是什么使人柔肠寸断,
是什么让人忘返留连,
是什么令人陶醉不已,
是什么留给人永久的怀念?

啊,香山红叶,
你使爱情如此浪漫,
你让人生这样痴情,
你把秋天点缀得绚烂多彩。

不,你不是红叶,
你是一颗相思的心,
血红的颜色是你的赤诚,
凝固的霜花是你的圣洁。

相逢时,你是一根多情的丝缕,
热恋中,你是一片挚爱的盟誓,
离别了,你是一份沉重的思念,
分手后,你是一段珍贵的记忆。

而真正的你,
只不过是一片叶子,
一片经历风刀霜剑的叶子,
一片被白雪辉映得更加鲜红的叶子。

秋天死了,而你还活着,
在严冬的冰雪里,
褪尽了你的红颜,
消尽了你的芬芳,
直至憔悴了,
你彩虹般艳美的身躯。
春天来了,
翠绿的叶子又铺满香山,
人们却视而不见,
还是期待着你——秋天的红叶。

妙文华章

低碳生活50条准则

张凌凌

第一条　少用纸巾，重拾手帕，保护森林，低碳生活。

第二条　每张纸都双面打印，相当于保留下半片原本将被砍掉的森林。

第三条　随手关灯、拔插头，这是个人修养的表现。

第四条　不坐电梯爬楼梯，省下大家的电，换自己的健康。

第五条　绿化不仅是去郊区种树，在家种些花草一样可以，还无须开车。

第六条　一只塑料袋5毛钱，但它造成的污染可能是5毛钱的50倍。

第七条　完美的浴室未必一定要有浴缸；已经安了，未必每次都用；已经用了，请用积水来冲洗马桶。

第八条　关掉不用的电脑程序，减少硬盘工作量，既省电也维护你的电脑。

第九条　骑自行车上下班的人，一不担心油价涨，二不担心体重长。

第十条　没必要一进门就把全部照明打开，人类发明电灯至今不过130年，之前的几千年也过得好好的。

第十一条　考虑到坐公交为世界环境做的贡献，至少可以抵消一部分开私家车带来的优越感。

第十二条　请相信，痴迷皮草那不过是一种反祖冲动。

第十三条　可以这么认为，气候变暖一部分是出于对过度使用空调暖气的报复。

第十四条　尽量少使用一次性牙刷、一次性塑料袋、一次性水杯……因为制造它们所使用的石油也是一次性的。

第十五条　如果你知道西方一些海洋博物馆里展出中国生产的鱼翅罐头，还会有这么好的食欲吃鱼翅捞饭吗？

第十六条　未必红木和真皮才能体现居家品位；建议使用竹制家具，因为竹子比树木长得快。

第十七条　其实利用太阳能这种环保能源最简单的方式，就是尽量把工作放在白天做。

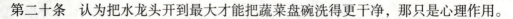

第十八条　过量肉食至少伤害三个对象：动物、你自己和地球。

第十九条　婚礼仪式不是你憋足 28 年劲甩出的面子，更不是家底积累的比拼。如今简约、低碳才更是甜蜜文明的附加值。

第二十条　认为把水龙头开到最大才能把蔬菜盘碗洗得更干净，那只是心理作用。

第二十一条　可以理直气壮地说，衣服攒够一桶再洗不是因为懒，而是为了节约水电。

第二十二条　把一个孩子从婴儿养到学龄前，花费确实不少，部分玩具、衣物、书籍用二手的就好。

第二十三条　如果堵车的队伍太长，还是先熄了火，安心等会儿吧。

第二十四条　定期检查轮胎气压，气量过低或过足都会增加油耗。

第二十五条　定期清洗空调，不仅为了健康，还可以省不少电。

第二十六条　一般的车用 93 号油就够了，盲目使用 97 号可能既费油，还伤发动机。

第二十七条　跟老公交司机学习如何省油：少用急刹车，把油门关了，靠惯性滑过去。

第二十八条　有些人，尤其是女性，洗个澡用掉四五十升水，洁癖也不用这么夸张。

第二十九条　科学地勤俭节约是优良传统；剩菜冷却后，用保鲜膜包好再送进冰箱；热汽不仅增加冰箱做功，还会结霜，双重费电。

第三十条　其实空调外机都是按照防水要求设计的，给它穿外套，只会降低散热效果，当然费电。

第三十一条　洗衣粉出泡多少与洗净能力之间无必然联系，而低泡洗衣粉可以比高泡洗衣粉少漂洗几次，省水省电省时间。

第三十二条　洗衣机开强档比开弱档更省电，还能延长机器寿命。

第三十三条　电视机在待机状态下耗电量一般为其开机功率的 10% 左右，这笔账算起来还真不小。

第三十四条　如果只用电脑听音乐，显示器可以调暗，或者干脆关掉。

第三十五条　如果热水用得多，不妨让热水器始终通电保温，因为保温一天所用的电，比一箱凉水烧到相同温度要少。

第三十六条　洗干净同样一辆车，用桶盛水擦洗是用水龙头冲洗用水量的1/8。

第三十七条　可以把马桶水箱里的浮球调低2厘米，一年可以省下4吨水。

第三十八条　建立节省档案，把每月消耗的水电煤气也记记账，做到心中有数。

第三十九条　买电器看节能指标，这是最简单不过的方法了。

第四十条　实验证明，中火烧水最省气。

第四十一条　10年前乱丢电池还可能是无知，现在就完全是不负责任了。

第四十二条　随身常备筷子或勺子，已经是环保人士的一种标签。

第四十三条　冰箱内存放食物的量以占容积的80%为宜，放得过多或过少都费电。

第四十四条　开短会也是一种节约。

第四十五条　没事多出去走走，"宅"是很费电的。

第四十六条　尽量买本地、当季的产品，运输和包装常常比生产更耗能。

第四十七条　植树为你排放的二氧化碳埋单，排多少，吸多少。

第四十八条　衣服多选棉质、亚麻和丝绸，不仅环保、时尚，而且优雅、耐穿。

第四十九条　烘干真的很必要吗？还是多让你的衣服晒晒太阳吧。

第五十条　美国有统计表明：离婚之后的人均资源消耗量比离婚前高出42%~61%，让我们用婚姻保护地球吧。

我生长在一个富裕的家庭

〔国籍不详〕埃迪·奥格恩　粟米 编译

我永远忘不了1946年的复活节。那一年我14岁，妹妹奥丝12岁，姐姐琳达16岁。我们和母亲住在一起。我们都知道该如何生存。爸爸在5年前去世了，没给妈妈留下一文钱，只给她留下了七个正在上学的孩子。

到1956年，我的姐姐们都结了婚，哥哥们也都离开了家。复活节前的一个月，我们所属教堂的牧师宣布，要为穷困家庭进行一次特殊的节日募捐，他请每个人做出牺牲、奉献爱心。

我们回到家后，就开始讨论这个问题。我们决定买50磅的马铃薯，来维持这个月的生活。这样，我们就可以节省下20美元的菜金作为捐款捐献出去。接着，我们又想到，如果我们尽可能地不点灯、不听收音机，就能缩减那个月的电费开支。琳达尽力担负起全部的房间和院子的清洁工作，而我们两个小一点的孩子则替别人照看婴儿。又因为我们用15美分就能买到够做三块垫热锅用的布垫的棉线，而三块布垫子能赢利1美元。我们做这些布垫子赚到了20美元。那个月是我们有生以来生活最快乐的一个月。

我们每天都把钱拿出来数一数，看看已经积攒下了多少。晚上我们就坐在黑暗里，谈论当那些贫穷的家庭得到教堂给他们的钱时会多么高兴。我们所在的教区大约有80户人家，因此我们能够想象得出不管我们捐出多少钱，捐款的总数额都会20倍于我们的捐款。因为，牧师每个星期天都要提醒人们要为募捐节约开支。

复活节的前一天晚上，我们都兴奋得睡不着觉。我们不在乎复活节没有新衣服穿；重要的是，我们为募捐积攒了70美元。我们几乎都等不及去教堂了。星期天早上，大雨如注。虽然我们没有伞，虽然教堂离我们家有1英里①多的路程，但是我们全没放在心上。琳达用纸板垫在鞋子里堵住鞋底的漏洞。纸板烂了，琳达的鞋全湿透了。

然而，这又算得了什么。我们坐在教堂里，心里充满自豪。我听到一些十几岁的孩

---

① 1英里=1 609.344米。

子正在谈论我们的旧衣服。我看着他们身上的新衣服，却觉得自己很富有。

当募捐开始的时候，我们正坐在前面第二排的座位上。妈妈塞进一张10美元的钞票，我们每个孩子各塞进了一张20美元的钞票。

我们从教堂回家的时候一路唱着歌。吃午饭的时候，妈妈给了我们一个意外的惊喜，她买了一打鸡蛋，我们的复活节午餐有煮鸡蛋和煎马铃薯！那天下午稍晚一些的时候，牧师开着他的汽车来到我们家。妈妈走到门口和他谈了一会儿，回来的时候手里拿着一个信封。我们问她那是什么，但是她什么也没说。她打开信封，从里面掉出一沓钞票，分别是三张20美元的、一张10美元的和17张1美元的。

妈妈把这些钱放回信封里。我们都没有说话，只是坐在那里，注视着地板。我们刚才还觉得自己是百万富翁，现在这种感觉一落千丈，开始觉得自己很贫穷。我们兄弟姊妹一直过得很幸福，我们总是为那些没有像我们的妈妈这样的母亲的孩子们感到遗憾。我们家里兄弟姊妹众多，其他孩子经常到我们家里来玩。我们认为和别人共用银餐具是很有趣的事，而猜测自己吃晚餐时是用汤勺还是用刀叉也很有意思。我们家有两把刀子，谁需要谁就用它。我知道我们家和别人家不一样，我们没有足够的器皿，但是我们从来不认为我们贫穷。

但是在那个复活节，我发现我们确实是贫穷的。牧师给我们送来了为贫穷家庭募捐的钱，那么我们一定是穷人了。我看着我的衣服和破旧的鞋子，觉得很羞愧，我甚至不想再到教堂去了。那儿所有的人可能都已经知道我们是穷人了！

我又想到了学校。我上九年级，是班里100多名学生中成绩最优异的。我不知道同学们是不是知道我们是穷人。我想，既然我已经完成了八年级，我可以退学了。这是那时候的法律所允许的最低学历。

我们沉默地坐了很长时间。天黑以后，我们就去睡觉了。在那个星期里，我们女孩子们像平常一样上学、回家，谁也没有多谈论此事。终于，又到了星期六，妈妈问我们，想怎么处理这些钱。穷人们都是如何处理这些钱的呢？我们不知道。我们从来没有认为自己是穷人。我们星期天不想去教堂，但是妈妈说我们得去。虽然那天天气很好，阳光明媚，但是我们一路上什么也没说。妈妈开始唱歌，但是没有人跟着唱，她也只唱了一节。

那天，有一位传教士来给我们布道。他说在非洲，教堂都是由风化的石块砌成的，但是他们需要钱买屋顶的材料。他说建一座教堂的屋顶需要100美元。传教士最后说："难道我们不能做出一点牺牲来帮助那些贫穷的人吗？"我们彼此看了看，脸上都露出了一星期以来的第一次微笑。

妈妈把手伸进她的钱包里，拿出那个信封。她把它递给琳达，琳达把它递给我，我又把它递给了奥丝，奥丝把它放进了募捐箱里。

牧师数过捐款以后，宣布捐款数额稍稍超出了100美元。传教士很兴奋。他本没有期望能在我们这座小教堂里募捐到这么多的款项的。他说，"你们这座教堂里一定有很多富裕的人。"这句话猛然惊醒了我们，在那稍稍超出的100美元的款项中，我们的捐款占了87美元。我们是这座教堂里最富裕的家庭！

从那天开始，我再也没觉得自己贫穷了。

相貌和心灵

周国平

世上很少有人完全不在乎自己的相貌。一般来说,年轻人比年长者更在乎,女人比男人更在乎。女人重视容貌是情有可原的,既然几乎一切民族的文化都把女性的美丽作为一种价值进行讴歌,作为一种标准来评判她们,而在实际生活中,容貌的美丑对于她们的婚爱、社交乃至职业方面的遭遇确实会发生相当的影响,那么,她们似乎也就别无选择。年轻人入世还浅,不免看重人际关系较浅的层面,留意别人对于自己的表面印象,所以在容貌上也比较敏感。

与关心名声相比,关心容貌更是一种虚荣,因为与名声相比,容貌离一个人的真实价值更远。现代整容术已经能够把一张脸变成另一张脸,但在新脸皮下面的仍是那个旧人。如果不通过镜子,人是看不见自己的容貌的,常常也是想不起自己的容貌的,而这并不妨碍他做一切事情。镜子代表着别人的眼光,人一照镜子,就是在用别人的眼光审视自己了,因此,其实他所关心的是别人对自己的观感。按照他的虚荣的程度,这别人可以是某个意中人、一般异性或广大而笼统的人群。

虚荣是难免的,怎奈人生易老,红颜难久,这是谁也逃脱不掉的规律。好在绝大多数人都会随着年龄增长而逐步调整自己的心理,克服在相貌方面的虚荣心。事实上,在不同的年龄段,相貌的内容在发生着变化,人们对相貌的感觉和评价也在随之改变。年龄越小,相貌的美就越具有物质的、生理的性质,因而彼此也越为相似。譬如说,天下的娃娃都一样可爱,那是一种近似小动物的美,表现为稚气的表情、娇嫩的皮肤、憨态可掬的动作。少男少女的美洋溢着相同的青春朝气,但我们也能发现,其中有些人因为正在形成的优秀个性而显得更具魅力。对于一个成年人的外貌,我们一般不会对其物理性方面,例如五官的构造、皮肤的质地给予高度评价,而是更加看重其所显现的精神内涵。

叔本华说:"人的外表是表现内心的图画,相貌表达并揭示了人的整个性格特征。"

至少就成年人的相貌而言，他的这一看法是有道理的。在漫长的时间中，一个人的惯常的心灵状态和行为方式总是伴随着他自己意识不到的表情，这些表情经过无数次的重复，便会铭刻在他的脸上，甚至留下特殊的皱纹。更加难以掩饰的是眼神，一个内心空虚的人绝对装不出睿智的目光。我们大约都遇见过那样的人，他们的粗俗一望而知，仿佛就写在他们的脸上。同样，当我们面对爱因斯坦的肖像时，即使没有读过他的著作，我们从他的宽容、幽默、略带忧伤的神情就能判断他是一位智者。叔本华也举了一个例子：一群高贵的绅士来到维斯孔蒂公爵的宫廷，维斯孔蒂问他的年幼的儿子，谁是最有智慧的人，孩子稍作环顾，就去拉着彼特拉克的手，把这位文艺复兴时代的巨人带到了父亲面前。有趣的是，中国的圣人孔子和西方的圣人苏格拉底都是相貌极其古怪的人，但是，历史并未留下人们认为他们丑陋的记载。

总之，在到达成熟的年龄以后，一个人相貌中真正有吸引力的是那些显现了智慧、德行、教养、个性等心灵品质的因素。至少就男人而言，这基本上是共识，聪明的女性也是这样来欣赏男人的。那么，女性是否也应该这样来欣赏自己，或者男性是否也应该这样来欣赏女人呢？我认为是的。哪怕是绝色美人也免不了有迟暮的一天，世界上再高明的美容术也不能使美色永驻。因此，女人在中年之后仍然一心要以色媚人，这至少是不明智的。能够使女人长久保持魅力的也是容貌中的精神特性，一个气质高贵的妇人虽然未必像妙龄美女那样令许多男人神魂颠倒，但却能获得男人和女人的普遍敬慕。请不要说这不是一种女人魅力，无论男人魅力还是女人魅力都决不是纯粹的生理特质，而永远是多种因素的综合。另一方面呢，无论男人还是女人，都必须顺应大自然的安排，在不同的季节收获不同的果实。

周国平：中国社会科学院哲学研究所研究员，中国当代著名学者、作家、哲学研究者，是中国研究哲学家尼采的著名学者之一。

读书人是幸福人

谢冕

我常想读书人是世间幸福人，因为他除了拥有现实的世界之外，还拥有另一个更浩瀚也更丰富的世界。现实的世界是人人都有的，而后一个世界却为读书人所独有。由此我又想，那些失去或不能阅读的人是多么的不幸，他们的丧失是不可补偿的。世间有诸多的不平等，如财富的不平等、权力的不平等，而阅读能力的拥有或丧失却体现为精神的不平等。

一个人的一生，只能经历自己拥有的那一份欣悦、那一份苦难，也许再加上他亲自闻知的那一些关于自身以外的经历和经验。然而，人们通过阅读，却能进入不同时空的诸多他人的世界。这样，具有阅读能力的人，无形间获得了超越有限生命的无限可能性。阅读不仅使他多识了草木虫鱼之名，而且可以上溯远古下及未来，饱览存在的与非存在的奇风异俗。

更重要的是，读书加惠于人们的不仅是知识的增广，而且还在于精神的感化与陶冶。人们从读书学做人，从那些往哲先贤以及当代才俊的著述中学得他们的人格。一个读书人，是一个有机会拥有超乎个人生命体验的幸运人。

一旦与读书结缘，人多半向往崇高、厌恶暴力、同情弱者，使人心灵纯净而富正义感，人往往变得情趣高雅而趋避凡俗。或博爱，或温情，或抗争，大抵总引导人从幼年到成人，一步一步向着人间的美好境界前行。笛卡尔说："读一本好书，就是和许多高尚的人谈话。"雨果说："各种蠢事，在每天阅读好书的影响下，仿佛烤在火上一样渐渐熔化。"

所以，我说，读书人是幸福人。

硬笔楷书笔画书写技巧

（一）横撇：下笔写短横，略顿笔后向左下写撇。注意横要稍向右上斜一点，撇要出尖，一笔写成。如图所示：

笔画	起笔	行笔	收笔	字		例	
フ	一	一	フ	又	水	永	承

（二）撇折：先下笔写短撇，出尖顿笔后折向右上写提，注意折处要顿笔，收笔要出尖。如图所示：

笔画	起笔	行笔	收笔	字		例	
ㄥ	丶	ノ	ㄥ	去	云	参	私

（三）撇点：下笔写撇，不出尖顿笔后折向右下写长点，收笔较重。注意上部撇和下部长点的角度要恰当。如图所示：

笔画	起笔	行笔	收笔	字		例	
〈	ノ	ノ	〈	女	始	如	好

（四）横折弯钩：下笔写横，顿笔折右下写竖，而后圆转向右写横，到起钩处略顿笔向上钩出。注意弯处要圆转，下面的横要平，钩要小，要出尖。如图所示：

笔画	起笔	行笔	收笔	字		例	
乙	一	㇋	乙	九	几	凡	旭

（五）竖折：下笔写竖（有长、短之分），顿笔后向右写横，收笔较重。注意竖要直，横要平，一笔写成。如图所示：

笔画	起笔	行笔	收笔	字		例	
ㄴ	｜	丶	ㄴ	山	凶	画	区

（六）竖折折钩：下笔写短竖，顿笔折向右写横，再顿笔折向左下写竖钩。注意竖钩既不能太直，也不能太斜，钩要小，要出尖。如图所示：

笔画	起笔	行笔	收笔	字		例	
ㄅ	｜	ㄴ	ㄅ	弓	马	鸟	引

阅读及书写任务

1. 熟读妙文华章里的文章。
2. 背诵诗词精粹里的诗篇。
3. 每日书写先哲警句、名人名言，特别注意横撇、横折、撇点、横折弯钩、竖折、竖折折钩的笔画书写。

书写范例如下：

第五单元
尽孝爱国

单元导读

"百善孝为先",孝道是中华民族尊奉的传统美德。对国家而言,孝忠相通,我们历来倡导把对父母的孝心转化为对国家的忠心,把对家的责任感升华为对国的责任感,这就是撑起中国五千年脊梁的核心精神——爱国主义精神。

本单元选取了《孝经》、《论语》、《孟子》、《礼记》、清代林则徐的《赴戍登程口占示家人》等古代经典诗文中的名句、孟郊的《游子吟》、文天祥的《过零丁洋》、毛泽东的《沁园春·雪》等诗词,孙中山、顾炎武、徐特立、秋瑾、吉鸿昌、周恩来、柏拉图、果戈理等中外名人名言,习近平的《第一篇同各界优秀青年代表座谈时的讲话》、梁启超的《少年中国说》(节选)、方志敏的《可爱的中国》(节选)、毕淑敏的《孝心无价》(节选)等文章,来感受无数仁人志士崇高的爱国之志。

让我们深情诵读、用心书写,感悟一代又一代为国浴血抗争、不懈奋斗的中华儿女"一身报国有万死,双鬓向人无再青"的豪迈情怀,继承和发扬他们的爱国精神!

先哲警句

1. 夫孝，天之经也，地之义也，民之行也。　　　　　　　　　——《孝经》
   译：孝，是上天的规范，大地的准则，人最基本的品行。

2. 天地之性，人为贵，人之行，莫大于孝。　　　　　　　　　——《孝经》
   译：天地间万物的本性，人最尊贵，人的品行没有比孝更大的。

3. 孝有三：大尊尊亲，其次弗辱，其下能养。　　　　　　　　——《礼记》
   译：孝有三个等级：最大的孝是尊敬父母，其次是不让父母受委屈，最基本的是能赡养父母。

4. 身、体、发、肤，受之父母，不敢毁伤，孝之始也；立身行道，扬名于后世以显父母，孝之终也。　　　　　　　　　　　　　　　　　　　　　　　　　　——《孝经》
   译：身躯、四肢、头发、皮肤，是父母给的不能让它们有丝毫的损伤，这是尽孝的开始；修养自身走正道，让自己的好名声流传于后世使父母荣耀，这是尽孝的结束。

5. 父母在，不远游，游必有方。　　　　　　　　　　　　——《论语·里仁》
   译：父母在世，不出远门，如果一定要出远门，要去的地方一定告诉父母。

6. 事其亲者，不择地而安之，孝之至也。　　　　　　　——《庄子·人间世》
   译：侍奉双亲，不论在什么地方都能使他们感到安适，是孝的最高境界。

7. 孝子之有深爱者，必有和气，有和气者，必有愉色，有愉色者，必有婉容。

——《礼记·祭义》

译： 深爱父母的儿女，一定具有温和的气质、愉悦的表情、温婉柔顺的容貌。

8. 人悦之、好色、富贵，无足以解忧者，唯顺于父母，可以解忧。——《孟子·万章上》

译： 贤名、美色、财富、地位，都不能化解忧虑，只有让父母顺心遂意，才能解忧。

9. 世俗所谓不孝者五，惰其四肢，不顾父母之养，一不孝也；博弈好饮酒，不顾父母之养，二不孝也；好货财，私妻子，不顾父母之养，三不孝也；从耳目之欲，以为父母戮，四不孝也；好勇斗狠，以危父母，五不孝也。 ——《孟子·离娄下》

注释： "从"通"纵"，放纵；"戮"，羞辱。

译： 世间的不孝有五种：四肢懒惰，不赡养父母，一不孝；好赌博饮酒，不赡养父母，二不孝；贪财好货，偏爱老婆孩子，不赡养父母，三不孝；放纵私欲，使父母蒙羞，四不孝；逞能斗狠，惹是生非，使父母受到惊吓伤害，五不孝。

10. 夙兴夜寐，无忝尔所生。 ——《诗经·小雅》

注释： "忝"（tiǎn），辱，有愧于。

译： 早起晚睡努力做事，不要愧对生你养你的父母。

11. 爱亲者，不敢恶于人；敬亲者，不敢慢于人。 ——《孝经》

译： 爱自己父母的人，不敢对别人作恶；尊敬自己父母的人，不会对别人傲慢。

12. 不爱其亲而爱他人者，谓之悖德，不敬其亲而敬他人者，谓之悖礼。

——《孝经》

注释： "悖"（bèi），和事实相冲突，违背常理，错误的。

译： 不爱自己的父母而去爱别人，这叫违背道德，不尊敬自己的父母而去尊敬别人，这叫背离礼仪。

13. 夫孝，德之本也，教之所由生也。 ——《孝经》

译： 孝，是德的根本，所有的教化都是在这个基础上产生的。

14. 君子事亲孝，故忠可移于君；事兄悌，故顺可移于长；居家理，故治可移于官。是以行成于内，而名立于后世矣。 ——《孝经》

译： 君子对双亲能尽孝道，那么对国君也能做到忠诚；对兄长能够恭顺，对长者也能做到恭敬；打理家庭能够有条不紊，为官做事也会治理有方。因此良好的品行在内心形成，好名声也就流传于后世了。

15. **君子事上也，进思尽忠，退思补过，将顺其美，匡救其恶。　　——《孝经》**

    译： 君子为国家做事，进要思考如何尽忠职守，退要及时反省补救过失，对上级好的政策要努力推行，不好的要想办法纠正和补救。

16. **人有恒言，皆曰"天下国家"。天下之本在国，国之本在家，家之本在身。**

    ——《孟子·离娄上》

    译： 人们都说"天下国家"。天下的根本在国，国的根本在家，家的根本在个人的修身。

17. **物格而后知至，知至而后意诚，意诚而后心正，心正而后身修，身修而后家齐，家齐而后国治，国治而后天下平。所谓修身齐家治国平天下。——《礼记·大学》**

    译： 穷究事物而后获得知识，使意念真诚，思想端正，修养身心，管理好家庭，治理好国家，达到天下太平。这就是所说的修身、齐家、治国、平天下。

18. **人必自侮而后人侮之，家必自毁而后人毁之，国必自伐而后人伐之。**

    ——《孟子·离娄上》

    译： 一个人一定是不自重别人才欺侮他，一个家庭一定是成员之间互相伤害别人才损毁它，一个国家一定是内部出了问题别人才攻伐它。

19. **瞒人之事弗为，害人之心弗存，有益国家之事虽死弗避。——明·吕坤《呻吟语》**

    译： 骗人的事不要做，害人的心不要有，有利于国家的事就是死也不要回避。

20. **苟利国家生死以，岂因祸福趋避之。　　——清·林则徐《赴戍登程口占示家人》**

    译： 如果对国家有利可以生死相许，哪会因福就上前是祸就逃避呢。

名人名言

1. 天下兴亡，匹夫有责。　　　　　　　　　　　　　　——顾炎武

2. 所谓爱国心，指你身为这个国家的国民，对于这个国家，应当比其他一切的国家感情更深厚些。　　　　　　　　　　　　　　——萧伯纳（英国）

3. 给青年人最好的忠告是让他们谦逊谨慎，孝敬父母，爱戴亲友。——西塞罗（古罗马）

4. 父亲子女兄弟姊妹等称谓，并不是简单的荣誉称号，而是一种负有完全确定的异常郑重的相互义务的称呼，这些义务的总和构成这些民族的社会制度的实质部分。

　　　　　　　　　　　　　　　　　　　　　　　　　——恩格斯（德国）

5. 以吾人数十年必死之生命，立国家亿万年不死之根基，其价值之重可知。——孙中山

6. 我们不是为自己而生，我们的国家赋予我们应尽的责任。　——西塞罗（古罗马）

7. 祖国如有难，汝应作前锋。　　　　　　　　　　　　　——陈毅

8. 人民不仅有权爱国，而且爱国是个义务，是一种光荣。　　——徐特立

9. 但凡爱国之心，人不可不有，若不知本国文字、历史，即不能生爱国心也。

　　　　　　　　　　　　　　　　　　　　　　　　　——秋瑾

10. 爱国主义和其他道德感与信念一样，使人趋于高尚，使他愈来愈能了解并爱好真正美丽的东西，从对美丽东西的知觉中体验快乐，并且用尽一切方法使美丽的东西体现在行动中。　　　　　　　　　　　　　　　　　　　　——凯洛夫（苏联）

11. 要使民族自立于世界之林，就要自己看得起自己。　　　——吉鸿昌

12. 宁做流浪汉，不当亡国奴。　　　　　　　　　　　　——丰子恺

13. 爱国是文明人的首要美德。　　　　　　　　　　　　——拿破仑（法国）

14. 黄金诚然是宝贵的，但是生气勃勃、勇敢的爱国者却比黄金更为宝贵。——林肯（美国）

15. 没有祖国，就没有幸福，每个人必须根植于祖国的土壤里。——屠格涅夫（俄国）

16. 我重视祖国的荣誉，甚于自己的生命和我珍爱的儿子。　——莎士比亚（英国）

17. 为了祖国的利益，使自己的一生变为有用的一生，纵然只能效绵薄之力，我也会热血沸腾。　　　　　　　　　　　　　　　　　　　——果戈理（俄罗斯）

18. 爱国之心立国之要素。　　　　　　　　　　　　　　——陈独秀

19. 人不仅为自己而生，而且也为祖国活着。　　　——柏拉图（古希腊）

20. 无论对谁来说，母亲都是灵魂的故乡、生命的绿洲。　——池田大作（日本）

21. 一个人如果使自己的母亲伤心，无论他的地位多么显赫，无论他多么有名，他也是一个卑劣的人。　　　　　　　　　　　　　　　——亚米契斯（意大利）

22. 谁拒绝父母对自己的训导，谁就首先失去做人的机会。　——哈吉·伊芒（尼日利亚）

23. 风声、雨声、读书声，声声入耳；家事、国事、天下事，事事关心。——顾宪成

24. 为中华之崛起而读书。　　　　　　　　　　　　　　——周恩来

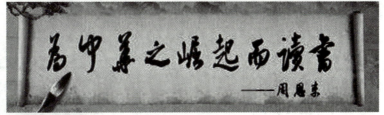

诗词精粹

游子吟
〔唐〕孟　郊

慈母手中线，游子身上衣。
临行密密缝，意恐迟迟归。
谁言寸草心，报得三春晖。

过零丁洋
〔南宋〕文天祥

辛苦遭逢起一经，
干戈寥落四周星。
山河破碎风飘絮，
身世浮沉雨打萍。
惶恐滩头说惶恐，
零丁洋里叹零丁。
人生自古谁无死？
留取丹心照汗青。

长江之歌

胡宏伟

你从雪山走来,
春潮是你的丰采。
你向东海奔去,
惊涛是你的气概。
你用甘甜的乳汁,
哺育各族儿女。
你用健美的臂膀,
挽起高山大海。
我们赞美长江,
你是无穷的源泉。
我们依恋长江,
你有母亲的情怀。

你从远古走来,
巨浪荡涤着尘埃;
你向未来奔去,
涛声回荡在天外,
你用纯洁的清流,
灌溉花的国土。
你用磅礴的力量,
推动新的时代。
我们赞美长江,
你是无穷的源泉。
我们依恋长江,
你有母亲的情怀。

我爱你 中国

子 涵

当灿烂的太阳跳出了东海的碧波,
你的帕米尔高原上依然是群星闪烁。
当你的北国还是那银装素裹的世界啊,
你的江南早已到处洋溢着盎然的春色。
我爱你,中国!

我爱你敦煌飞天的曼舞轻歌,
杭州西湖的淡妆浓抹,
桂林山水的清奇秀丽,
黄山云海的神秘莫测。

我爱你龙井茶的清甜,
茅台酒的甘醇,
江南丝绸的光洁绚丽,
景德镇瓷器的天工巧夺。

我爱你世界屋脊上布达拉宫的巍峨。

傣家竹楼前那如水的月色,
吐鲁番的葡萄哈密的瓜,
呼伦贝尔大草原上羊群就像蓝天上飘动的云朵。

我爱你战国编钟奏出的古曲,
我爱你腾飞时代唱出的新歌,
我爱你黄昏里紫禁城那层层的殿宇啊,
我爱你夜色中现代高楼上的灯火。
我爱你腾空的蘑菇云驱走了荒原的寂寞,
我爱你南极长城站传来的电波,
我爱你送走瘟神病魔的喜讯啊,
我爱你奥运史上零的突破。
我爱你,中国!

几度阴晴,几度离合,
几度舒缓,几度壮阔。
几番耕耘,几番收获,
几番荒芜,几番蓬勃。
我爱你博大的胸怀,
我爱你恢宏的气魄,
我爱你祖祖辈辈生生不息跳动的脉搏啊,
我爱你,中国!

沁园春·长沙

毛泽东

独立寒秋,

湘江北去,

橘子洲头。

看万山红遍,

层林尽染;

漫江碧透,

百舸争流。

鹰击长空,

鱼翔浅底,

万类霜天竞自由。

怅寥廓,

问苍茫大地,

谁主沉浮?

携来百侣曾游,

忆往昔峥嵘岁月稠。

恰同学少年,风华正茂;

书生意气,挥斥方遒。

指点江山,激扬文字,

粪土当年万户侯。

曾记否,

到中流击水,

浪遏飞舟?

沁园春·雪
毛泽东

北国风光,
千里冰封,
万里雪飘。
望长城内外,
惟余莽莽;
大河上下,
顿失滔滔。
山舞银蛇,
原驰蜡象,
欲与天公试比高。
须晴日,
看红装素裹,
分外妖娆。

江山如此多娇,
引无数英雄竞折腰。
惜秦皇汉武,
略输文采;
唐宗宋祖,
稍逊风骚。
一代天骄,
成吉思汗,
只识弯弓射大雕。
俱往矣,
数风流人物,
还看今朝。

妙文华章

在实现中国梦的生动实践中放飞青春梦想

习近平

青年朋友们，同志们：

今天是五四青年节。在这个属于青春的日子里，很高兴来参加"实现中国梦·青春勇担当"主题团日活动，同各条战线的优秀青年代表一起交流，聆听大家抒发与祖国共奋进、与时代齐发展的青春感受。

青年最富有朝气，最富有梦想。近代以来，我国青年不懈追求的美好梦想，始终与振兴中华的历史进程紧密相联。在革命战争年代，广大青年满怀革命理想，为争取民族独立、人民解放冲锋陷阵、抛洒热血。在社会主义革命和建设时期，广大青年响应党的号召，向困难进军，向荒原进军，保卫祖国，建设祖国，在新中国的广阔天地忘我劳动、艰苦创业。在改革开放历史新时期，广大青年发出团结起来、振兴中华的时代强音，为祖国繁荣富强开拓奋进、锐意创新。在最近的芦山抗震救灾中，大批青年临危不惧、顽强拼搏，广大青年心系灾区、无私奉献，为抗震救灾做出了重要贡献。

历史和现实都告诉我们，青年一代有理想、有担当，国家就有前途，民族就有希望，实现我们的发展目标就有源源不断的强大力量。

党的十八大描绘了全面建成小康社会、加快推进社会主义现代化的宏伟蓝图，发出了向实现"两个一百年"奋斗目标进军的时代号召。根据党的十八大精神，我们明确提出要实现中华民族伟大复兴的中国梦。现在，大家都在谈论中国梦，都在思考中国梦与自己的关系、自己为实现中国梦应尽的责任。

——中国梦是历史的、现实的，也是未来的。中国梦凝结着无数仁人志士的不懈努力，承载着全体中华儿女的共同向往，昭示着国家富强、民族振兴、人民幸福的美好前景。

——中国梦是国家的、民族的，也是每一个中国人的。国家好、民族好，大家才会好。只有每个人都为美好梦想而奋斗，才能汇聚起实现中国梦的磅礴力量。

——中国梦是我们的，更是你们青年一代的。中华民族伟大复兴终将在广大青年的接力奋斗中变为现实。

在革命、建设、改革各个历史时期，中国共产党始终高度重视青年、关怀青年、信任青年，对青年一代寄予殷切期望。中国共产党从来都把青年看作是祖国的未来、民族的希望，从来都把青年作为党和人民事业发展的生力军，从来都支持青年在人民的伟大奋斗中实现自己的人生理想。

现在，我们比历史上任何时期都更接近实现中华民族伟大复兴的目标，比历史上任何时期都更有信心、更有能力实现这个目标。行百里者半九十。距离实现中华民族伟大复兴的目标越近，我们越不能懈怠，越要加倍努力，越要动员广大青年为之奋斗。

展望未来，我国青年一代必将大有可为，也必将大有作为。这是"长江后浪推前浪"的历史规律，也是"一代更比一代强"的青春责任。广大青年要勇敢肩负起时代赋予的重任，志存高远，脚踏实地，努力在实现中华民族伟大复兴的中国梦的生动实践中放飞青春梦想。

第一，广大青年一定要坚定理想信念。"功崇惟志，业广惟勤。"理想指引人生方向，信念决定事业成败。没有理想信念，就会导致精神上"缺钙"。中国梦是全国各族人民的共同理想，也是青年一代应该牢固树立的远大理想。中国特色社会主义是我们党带领人民历经千辛万苦找到的实现中国梦的正确道路，也是广大青年应该牢固确立的人生信念。广大青年要坚持用邓小平理论、"三个代表"重要思想、科学发展观武装头脑，把理想信念建立在对科学理论的理性认同上，建立在对历史规律的正确认识上，建立在对基本国情的准确把握上，不断增强道路自信、理论自信、制度自信，增强对坚持党的领导的信念，永远紧跟党高高举起中国特色社会主义伟大旗帜。

第二，广大青年一定要练就过硬本领。学习是成长进步的阶梯，实践是提高本领的途径。青年的素质和本领直接影响着实现中国梦的进程。古人说："学如弓弩，才如箭镞（zú）。"说的是学问的根基好比弓弩，才能好比箭头，只要依靠厚实的见识来引导，就可以让才能很好发挥作用。青年人正处于学习的黄金时期，应该把学习作为首要任务，作为一种责任、一种精神追求、一种生活方式，树立梦想从学习开始、事业靠本领成就的观念，让勤奋学习成为青春远航的动力，让增长本领成为青春搏击的能量。

广大青年要坚持面向现代化、面向世界、面向未来，增强知识更新的紧迫感，如饥似渴学习，既扎实打牢基础知识又及时更新知识，既刻苦钻研理论又积极掌握技能，不断提高与时代发展和事业要求相适应的素质和能力。要坚持学以致用，深入基层、深入群众，在改革开放和社会主义现代化建设的大熔炉中，在社会的大学校里，掌握真才实学，增益其所不能，努力成为可堪大用、能担重任的栋梁之材。

第三，广大青年一定要勇于创新创造。创新是民族进步的灵魂，是一个国家兴旺发达的不竭源泉，也是中华民族最深沉的民族禀赋，正所谓"苟日新，日日新，又日新"。生活从不眷顾因循守旧、满足现状者，从不等待不思进取、坐享其成者，而是将更多机遇留给善于和勇于创新的人们。青年是社会上最富活力、最具创造性的群体，理应走在创新创造前列。

广大青年要有敢为人先的锐气，勇于解放思想、与时俱进，敢于上下求索、开拓进取，树立在继承前人的基础上超越前人的雄心壮志，"以青春之我……创建青春之国家，青春之民族"。要有逢山开路、遇河架桥的意志，为了创新创造而百折不挠、勇往直前。要有探索真知、求真务实的态度，在立足本职的创新创造中不断积累经验、取得成果。

第四，广大青年一定要矢志艰苦奋斗。"宝剑锋从磨砺出，梅花香自苦寒来。"人类的美好理想，都不可能唾手可得，都离不开筚路蓝缕（bì lù lán lǚ）、手胼足胝（shǒu pián zú zhī）的艰苦奋斗。我们的国家，我们的民族，从积贫积弱一步一步走到今天的发展繁荣，靠的就是一代又一代人的顽强拼搏，靠的就是中华民族自强不息的奋斗精神。当前，我们既面临着重要发展机遇，也面临着前所未有的困难和挑战。梦在前方，路在脚下。自胜者强，自强者胜。实现我们的发展目标，需要广大青年锲而不舍、驰而不息的奋斗。

广大青年要牢记"空谈误国、实干兴邦"，立足本职、埋头苦干，从自身做起，从点滴做起，用勤劳的双手、一流的业绩成就属于自己的人生精彩。要不怕困难、攻坚克难，勇于到条件艰苦的基层、国家建设的一线、项目攻关的前沿，经受锻炼，增长才干。要勇于创业、敢闯敢干，努力在改革开放中闯新路、创新业，不断开辟事业发展新天地。

第五，广大青年一定要锤炼高尚品格。中国特色社会主义是物质文明和精神文明全面发展的社会主义。一个没有精神力量的民族难以自立自强，一项没有文化支撑的事业难以持续长久。青年是引风气之先的社会力量。一个民族的文明素养很大程度上体现在青年一代的道德水准和精神风貌上。

广大青年要把正确的道德认知、自觉的道德养成、积极的道德实践紧密结合起来，自觉树立和践行社会主义核心价值观，带头倡导良好社会风气。要加强思想道德修养，自觉弘扬爱国主义、集体主义、社会主义思想，积极倡导社会公德、职业道德、家庭美德。要牢记"从善如登，从恶如崩"的道理，始终保持积极的人生态度、良好的道德品质、健康的生活情趣。要倡导社会文明新风，带头学雷锋，积极参加志愿服务，主动承担社会责任，热诚关爱他人，多做扶贫济困、扶弱助残的实事好事，以实际行动促进社会进步。

为实现中华民族伟大复兴的中国梦而奋斗，是中国青年运动的时代主题。共青团要在广大青少年中深入开展"我的中国梦"主题教育实践活动，为每个青少年播种梦想、点燃梦想，让更多青少年敢于有梦、勇于追梦、勤于圆梦，让每个青少年都为实现中国梦增添强大青春能量。要用中国梦打牢广大青少年的共同思想基础，教育和帮助青少年树立正确的世界观、人生观、价值观，永远热爱我们伟大的祖国，永远热爱我们伟大的人民，永远热爱我们伟大的中华民族，坚定跟着党走中国道路。要用中国梦激发广大青少年的历史责任感，发扬"党有号召、团有行动"的光荣传统，在党和国家工作大局中找准自身工作的切入点和结合点，组织动员广大青少年支持改革、促进发展、维护稳定。要积极为广大青少年实现梦想提供服务，切实改进作风，深入基层、走进青年，想青年之所想，急青年之所急，代表和维护青少年普遍性利益诉求，努力为广大青少年成长成才创造良好环境。

青年模范人物是广大青少年学习的榜样，肩负着更多社会责任和公众期望，在青少年中乃至全社会都有着很强的示范带动作用。希望青年模范们再接再厉、严于律己、锐意进取，用自身的成长历程、精神追求、模范行动为广大青少年作好表率。

青年兴则国家兴，青年强则国家强。我们党自成立之日起，就始终代表广大青年、赢得广大青年、依靠广大青年。各级党委和政府要充分信任青年、热情关心青年、严格要求青年，为青年驰骋思想打开更浩瀚的天空，为青年实践创新搭建更广阔的舞台，为青年塑造人生提供更丰富的机会，为青年建功立业创造更有利的条件。各级领导干部要关注青年愿望、帮助青年发展、支持青年创业，做青年朋友的知心人，做青年工作的热心人。

青年朋友们，人的一生只有一次青春。现在，青春是用来奋斗的；将来，青春是用来回忆的。人生之路，有坦途也有陡坡，有平川也有险滩，有直道也有弯路。青年面临的选择很多，关键是要以正确的世界观、人生观、价值观来指导自己的选择。无数人生成功的事实表明，青年时代，选择吃苦也就选择了收获，选择奉献也就选择了高尚。青年时期多经历一点摔打、挫折、考验，有利于走好一生的路。要历练宠辱不惊的心理素质，坚定百折不挠的进取意志，保持乐观向上的精神状态，变挫折为动力，用从挫折中吸取的教训启迪人生，使人生获得升华和超越。总之，只有进行了激情奋斗的青春，只有进行了顽强拼搏的青春，只有为人民做出了奉献的青春，才会留下充实、温暖、持久、无悔的青春回忆。

　　青年朋友们，我坚信，在党的领导下，只要全国各族人民紧密团结，脚踏实地、开拓进取，到本世纪中叶，我们必将建成富强民主文明和谐的社会主义现代化国家，我国广大青年必将同全国各族人民一道共同见证、共同享有中国梦的实现！

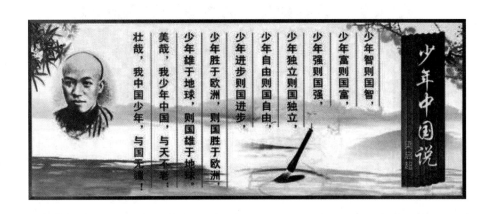

少年中国说（节选）
梁启超

  造成今日之老大中国者，则中国老朽之冤业也；制出将来之少年中国者，则中国少年之责任也。彼老朽者何足道？彼与此世界作别之日不远矣，而我少年乃新来而与世界为缘。……使举国之少年而果为少年也，则吾中国为未来之国，其进步未可量也；使举国之少年而亦为老大也，则吾中国为过去之国，其澌亡可翘足而待也。故今日之责任，不在他人，而全在我少年。少年智则国智，少年富则国富，少年强则国强，少年独立则国独立，少年自由则国自由，少年进步则国进步，少年胜于欧洲，则国胜于欧洲，少年雄于地球，则国雄于地球。红日初升，其道大光；河出伏流，一泻汪洋。潜龙腾渊，鳞爪飞扬；乳虎啸谷，百兽震惶；鹰隼（sǔn）试翼，风尘翕张。奇花初胎，矞矞（yù yù）皇皇；干将发硎（xíng），有作其芒。天戴其苍，地履其黄，纵有千古，横有八荒，前途似海，来日方长。美哉我少年中国，与天不老；壮哉我中国少年，与国无疆！

可爱的中国（节选）

方志敏

朋友！中国是生育我们的母亲。你们觉得这位母亲可爱吗？我想你们是和我一样的见解，都觉得这位母亲是蛮可爱蛮可爱的。以言气候，中国处于温带，不十分热，也不十分冷，好像我们母亲的体温，不高不低，最适宜于孩儿们的偎依。以言国土，中国土地广大，纵横万数千里，好像我们的母亲是一个身体魁大、胸宽背阔的妇人，不像日本姑娘那样苗条瘦小。中国许多有名的崇山大岭、长江巨河，以及大小湖泊，岂不象征着我们母亲丰满坚实的肥肤上之健美的肉纹和肉窝？中国土地的生产力是无限的；地底蕴藏着未开发的宝藏也是无限的；废置而未曾利用起来的天然力，更是无限的，这又岂不象征着我们的母亲，保有着无穷的乳汁、无穷的力量，以养育她四万万的孩儿？我想世界上再没有比她养得更多的孩子的母亲吧。

至于说到中国天然风景的美丽，我可以说，不但是雄巍的峨嵋、妩媚的西湖、幽雅的雁荡，与夫"秀丽甲天下"的桂林山水，可以傲睨一世，令人称羡；其实中国是无地不美，到处皆景，自城市以至乡村，一山一水，一丘一壑，只要稍加修饰和培植，都可以成流连难舍的胜景；这好像我们的母亲，她是一个天姿玉质的美人，她的身体的每一部分，都有令人爱慕之美。中国海岸线之长而且弯曲，照现代艺术家说来，这象征我们母亲富有曲线美吧。咳！母亲！美丽的母亲，可爱的母亲，只因你受着人家的压榨和剥削，弄成贫穷已极；不但不能买一件新的好看的衣服，把你自己装饰起来；甚至不能买块香皂将你全身洗擦洗擦，以致现出怪难看的一种憔悴褴褛和污秽不洁的形容来！啊！我们的母亲太可怜了，一个天生的丽人，现在却变成叫化的婆子！站在欧洲、美洲各位华贵的太太面前，固然是深愧不如，就是站在那日本小姑娘面前，也自惭形秽得很呢！

听着！朋友！母亲躲到一边去哭泣了，哭得伤心得很呀！她似乎在骂着："难道我四万万的孩子，都是白生了吗？难道他们真像着了魔的狮子，一天到晚的睡着不醒吗？难道他们不知道自己伟大的团结力量，去与残害母亲、剥削母亲的敌人斗争吗？难道他们不想将母亲从敌人手里救出来，把母亲也装饰起来，成为世界上一个最出色、最美丽、最令人尊敬的母亲吗？"朋友，听到没有母亲哀痛的哭骂？是的，是的，母亲骂得对，十分对！我们不能怪母亲好哭，只怪得我们之中出了败类，自己压制自己，眼睁睁的望着我们这位挺慈祥美丽的母亲，受着许多无谓的屈辱，和残暴的蹂躏！这真是我们做孩子们的不是了，简直连一位母亲都爱护不住了！

不错，目前的中国，固然是江山破碎，国弊民穷，但谁能断言，中国没有一个光明的前途呢？不，决不会的，我们相信，中国一定有个可赞美的光明前途。中国民族在很早以前，就造起了一座万里长城和开凿了几千里的运河，这就证明中国民族伟大无比的创造力！中国在战斗之中一旦斩去了帝国主义的锁链，肃清自己阵线内的汉奸卖国贼，得到了自由与解放，这种创造力，将会无限的发挥出来。到那时，中国的面貌将会被我们改造一新。所有贫穷和灾荒，混乱和仇杀，饥饿和寒冷，疾病和瘟疫，迷信和愚昧，以及那慢性的杀灭中国民族的鸦片毒物，这些等等都是帝国主义带给我们可憎的赠品，将来也要随着帝国主义的赶走而离去中国了。

朋友，我相信，到那时，到处都是活跃跃的创造，到处都是日新月异的进步，欢歌将代替了悲叹，笑脸将代替了哭脸，富裕将代替了贫穷，康健将代替了疾苦，智慧将代替了愚昧，友爱将代替了仇杀，生之快乐将代替了死之悲哀，明媚的花园，将代替了凄凉的荒地！这时，我们民族就可以无愧色的立在人类的面前，而生育我们的母亲，也会最美丽的装饰起来，与世界上各位母亲平等的携手了。这么光荣的一天，决不在辽远的将来，而在很近的将来，我们可以这样相信的，朋友！朋友，我的话说得太啰苏厌听了吧！好，我只说下面几句了。我老实的告诉你们，我爱护中国之热诚，还是如小学生时代一样的真诚无伪；我要打倒帝国主义为中国民族解放之心还是火一般的炽烈。不过，现在我是一个待决之囚呀！我没有机会为中国民族尽力了，我今日写这封信，是我为民族热情所感，用文字来作一次为垂危的中国的呼喊，虽然我的呼喊，声音十分微弱，有如一只将死之鸟的哀鸣。啊！我虽然不能实际的为中国奋斗，为中国民族奋斗，但我的心总是日夜祷祝着中国民族在帝国主义羁绊之下解放出来之早日成功！假如我还能生存，那我生存一天就要为中国呼喊一天；假如我不能生存——死了，我流血的地方，或者我瘗（yì）骨的地方，或许会长出一朵可爱的花来，这朵花你们就看作是我的精诚的寄托吧！在微风的吹拂中，如果那朵花是上下点头，那就可视为我对于为中国民族解放奋斗的爱国志士们在致以热诚的敬礼；如果那朵花是左右摇摆，那就可视为我在提劲儿唱着革命之歌，鼓励战士们前进啦！亲爱的朋友们，不要悲观，不要畏馁，要奋斗！要持久的艰苦的奋斗！

把各人所有的智慧才能，都提供于民族的拯救吧！无论如何，我们决不能让伟大的可爱的中国，来亡于帝国主义的肮脏的手里！

巴金箴言录

巴 金

生命在于付出。我的心里怀有一个愿望,这是没有人知道的:我愿每个人都有住房,每张口都有饱饭,每个心都得到温暖。我想擦干每个人的眼泪,不再让任何人拉掉别人的一根头发。

我不是文学家。我写作不是我有才华,而是我有感情,对我的国家和人民,我有无限的爱,靠用作品来表达我无穷无尽的感情。如果我的作品能够给读者带来温暖,我就十分满意了。

我家乡的泥土,我祖国的土地,我永远同你们在一起接受阳光雨露,与花树禾苗一同生长。我唯一的心愿是:化作泥土,留在人们温暖的脚印里。

我追求光明,追求人间的爱,追求我理想中的英雄。结果我依旧得到痛苦。但是我并不后悔,我还要以更大的勇气走我的路。

生的目标是什么?是丰富满溢的生命。一个人的生命应该为他人放射,在必要的时候还应该为他人牺牲……自我牺牲是人的天性,就像植物不得不开花。

因为受到了爱,认识了爱,才知道把爱分给别人,才想对自己以外的人做一些事情。把我和这个社会联起来的也正是这个爱字,这是我的全性格的根底。

爱真理,忠实地生活,这是至上的生活态度。没有一点虚伪,没有一点宽恕,对自己忠实,对别人也忠实,你就可以做你自己的行为的裁判官。

我们的生活信条应该是:忠实地行为,热烈地爱人民,帮助那需要爱的,应对那摧残爱的;在众人的幸福里谋个人的快乐,在大众的解放中求个人的自由。

是什么东西把我养育大?首先在我头脑里浮动的就是一个"爱"字。父母的爱,骨肉的爱,人间的爱,家庭生活的温暖。我的确是一个被人爱着的孩子……我爱着一切的生物,我愿意擦干每张脸上的眼泪,我希望看见幸福的微笑挂在每个人的嘴边。

我的生命大概不会很长久吧。然而在短促的过去的回顾中却有一盏明灯，照彻了我的灵魂和黑暗，使我的生存有一点光彩。这盏灯就是友情。我应该感谢它。因为靠了它我才能够活到现在，而且把旧家庭给我留下的阴影扫除了的也是它。

鲁迅先生给我树立了一个榜样。我仰慕高尔基的英雄"勇士丹柯"，他掏出燃烧的心，给人们带路，我把这幅图画作为写作的最高境界，这也是从先生那里得到的启发。我勉励自己讲真话，卢梭是我的第一个老师，但是几十年中间用自己的燃烧的心给我照亮道路的还是鲁迅先生。

一个作家，一支笔可能起不了大的作用，但是一滴水流进海洋就有无比的力量。只要全世界的作家团结起来，亿万支笔集在一起，就能够为后代创造一个更美好的世界，更美的未来。这才是我们作家的责任。这是理想，也是目标。

每一本书、每一篇作品，就是一次答案。古今往来有数不清的作家、读不完的作品，尽管生活环境各异，思想信仰不同，对人对事的看法不一样，但是所有真诚的作家都向读者交出自己的心。我们写作只因为我们有话要说，有感情要倾吐，我们用文字表达我们的喜怒哀乐，我写作只是为了一个目标，对我生活其中的社会有所贡献，对读者尽一个同胞的责任。我从未中断与读者的联系，一直把读者的期望看成对我的鞭策。我常说，如果我的作品能够给读者带来温暖，在他们步履艰难的时候能够做一根拐杖给他们加一点力，我就十分满意了。

巴金，原名李尧棠，现代文学家、出版家、翻译家。同时也被誉为五四新文化运动以来最有影响力的作家之一，是20世纪中国杰出的文学大师、中国当代文坛的巨匠。

家乡的桥

郑 莹

纯朴的家乡村边有一条河，曲曲弯弯，河中架一弯石桥，弓样的小桥横跨两岸。

每天，不管是鸡鸣晓月，日丽中天，还是月华泻地，小桥都印下串串足迹，洒落串串汗珠。那是乡亲为了追求多棱的希望，兑现美好的遐想。弯弯小桥，不时荡过轻吟低唱，不时露出舒心的笑容。

因而，我稚小的心灵，曾将心声献给小桥：你是一弯银色的新月，给人间普照光辉；你是一把闪亮的镰刀，割刈着欢笑的花果；你是一根晃悠悠的扁担，挑起了彩色的明天！哦，小桥走进我的梦中。

我在飘泊他乡的岁月，心中总涌动着故乡的河水，梦中总看到弓样的小桥。当我访南疆探北国，眼帘闯进座座雄伟的长桥时，我的梦变得丰满了，增添了赤橙黄绿青蓝紫。

三十多年过去，我带着满头霜花回到故乡，第一紧要的便是去看望小桥。

啊！小桥呢？它躲起来了？河中一道长虹，浴着朝霞熠熠闪光。哦，雄浑的大桥敞开胸怀，汽车的呼啸、摩托的笛音、自行车的叮铃，合奏着进行交响乐；南来的钢筋、花布，北往的柑橙、家禽，绘出交流欢悦图……

啊！蜕变的桥，传递了家乡进步的消息，透露了家乡富裕的声音。时代的春风，美好的追求，我蓦地记起儿时唱给小桥的歌，哦，明艳艳的太阳照耀了，芳香甜蜜的花果捧来了，五彩斑斓的岁月拉开了！

我心中涌动的河水，激荡起甜美的浪花。我仰望一碧蓝天，心底轻声呼喊：家乡的桥啊，我梦中的桥！

孝心无价（节选）

毕淑敏

我相信每一个赤诚忠厚的孩子，都曾在心底向父母许下"孝"的宏愿，相信来日方长，相信水到渠成，相信自己必有功成名就衣锦还乡的那一天，可以从容尽孝。

可惜人们忘了，忘了时间的残酷，忘了人生的短暂，忘了世上有永远无法报答的恩情，忘了生命本身有不堪一击的脆弱。

父母走了，带着对我们深深的挂念。父母走了，遗留给我们永无偿还的心情。你就永远无以言孝。

有一些事情，当我们年轻的时候，无法懂得。当我们懂得的时候，已不再年轻。世上有些东西可以弥补，有些东西永无弥补。

"孝"是稍纵即逝的眷恋；"孝"是无法重现的幸福；"孝"是一失足成千古恨的往事；"孝"是生命与生命交接处的链条。一旦断裂，永无连接。

赶快为你的父母尽一份孝心。也许是一处豪宅，也许是一片砖瓦。也许是大洋彼岸的一只鸿雁，也许是近在咫尺的一个口信。也许是一顶纯黑的博士帽，也许是作业簿上的一个红五分。也许是一桌山珍海味，也许是一只野果一朵小花。也许是花团锦簇的盛世华衣，也许是一双洁净的旧鞋。也许是数以万计的金钱，也许只是含着体温的一枚硬币……但"孝"的天平上，它们等值。

只是，天下的儿女们，一定要抓紧啊！趁你父母健在的光阴。

硬笔楷书笔画书写技巧

（一）**横折提**：下笔写短横，顿笔折向下写竖，再顿笔向右上写斜提。注意提要短一些斜一些，要出尖。如图所示：

笔画	起笔	行笔	收笔	字		例	
㇖	一	丁	㇖	说	语	词	诗

（二）**横折折撇**：下笔写短横，略顿笔折向左下写短撇，不出尖，不要太长，再折向右写一小短横，最后折向下撇出，出尖。如图所示：

笔画	起笔	行笔	收笔	字		例	
㇅	一	乙	㇅	及	延	廷	建

（三）**横撇弯钩**：下笔写短横，转折处略顿笔后写短撇，接着笔尖不离纸写小弯钩，钩的方向往左上。如图所示：

笔画	起笔	行笔	收笔	字		例	
㇌	一	㇌	㇌	除	院	都	那

（四）**横折折折钩**：下笔写短横，右边稍高些，略顿笔折向左下写短撇，不出尖，不要太长，再折向右写短横，再折向左下写弯钩。注意最后的弯钩要稍有弧度。如图所示：

笔画	起笔	行笔	收笔	字		例	
㇋	一	㇋	㇋	乃	奶	仍	扔

（五）**横折弯**：下笔写短横，略顿笔折向下写短竖，再圆转向右写短横，收笔较重。如图所示：

笔画	起笔	行笔	收笔	字		例	
㇈	一	乙	㇈	铅	船	设	没

（六）**竖折撇**：下笔写斜竖，略顿笔折向右写短横，再顿笔向左下撇出，出尖。如图所示：

笔画	起笔	行笔	收笔	字		例	
㇉	丨	㇄	㇉	专	传	砖	转

阅读及书写任务

1. 熟读妙文华章里的文章。
2. 背诵诗词精粹里的诗篇。
3. 每日书写先哲警句、名人名言，特别注意横折提、横折折撇、横撇弯钩、横折折折钩、横折弯、竖折撇的笔画书写。

书写范例如下：

练好字，读好书

一、练好基本功

练好基本功是所有技能的根源。通常我们看见一些硬笔书法作品展览，都会有楷书、行书、草书、隶书、篆书等这几种主要的硬笔书法作品，可能还有其他经过变化的作品字体，但是在日常生活中，最为通用的是楷书和行书。实用硬笔书写的标准可概括成五点——规范、清楚、匀称、整洁、流畅，就像叶圣陶先生说的"个个字笔画要清楚，整幅字行款要整齐"。

练字主要是练眼、练手、练结构。

练眼是为了清楚字该怎样写。心中能想出字的最好效果，手中不一定能写出这种最好效果，因为脑不一定能指挥得了手，手不一定能指挥得了笔，所以写好字第一就是要细心观察。

练手是要达到心手一致、手笔一致的境界，所以练手也是至关重要的。练手主要是练指力、练腕力、练手感。写字的时间长了会感到手指发痛、手腕发酸、手不听使唤，多锻炼这一现象就会消失。经常帮老师在黑板上抄题的学生和办黑板报的学生写字往往又快又好，他们的指力和腕力就是如此练出来的。还要注意练手感，让大脑能指挥手，感觉到笔变成了手的一部分，变成了手的延伸，手就能轻松地指挥笔，想快则快，想慢则慢，想轻则轻，想重则重，想写出什么样的效果就能写出什么样的效果。

练结构是练字的关键。字的结构是指字的笔画的长短比例及笔画间的穿插避让关系。解晓东在歌曲《中国人》中唱道："最爱写的字啊是先生教的方块字，方方正正做人要像它……""方方正正"概括了汉字的结构特点。如果掌握不住汉字的结构，就无法表现出汉字的美感。

另外练笔画也是非常重要的。下面给大家介绍几种楷书常用笔画的写法和大多数同学在书写这些笔画时容易出现的毛病。

①点：由左上方向右下方运笔，有一个运笔过程。注意"点"也是有长度的，不能写成圆点。

②横：由左至右平等运笔。关键是"横要平"，这里的"平"指的是均衡，不是绝对的水平，但也不能把横画写成波浪形。根据方块字的字形需要控制长短，不要太短或太长。

③竖：从上往下垂直运笔。关键是"竖要直"，不能左右歪斜，更不能写成竖钩。

④撇：从右上方往左下方运笔，也可以写成点撇或横撇。

⑤折：写折笔时，折角宜方不宜圆。不要在转角处很夸张地顿笔。

汉字笔画书写的运笔规律，一般是横、竖、撇的起笔较重，点、捺的起笔较轻；转折处要略顿笔，稍重、稍慢；提和钩，开始要略顿笔、稍重，尔后逐渐转为轻快，收笔出尖；所有笔画都是一笔写成，不能重描。这些笔画在组成汉字时，有的形状会略有变化，因此，在书写时，要注意多观察，把笔画形状写准确。只要练到结构准确，写出的字就会美观好看，就像蹲马步是练武术的基本功一样，横平竖直就是写汉字的基本功。

二、选好帖

在练好基本功的基础上，可以选定自己喜欢的字体进行练习。选定字体的过程叫选帖，在选帖的基础上，还要经过读帖、描摹、临帖、背帖、创作五步。

第一步读帖。帖上汉字的读音我们都知道，无须再读。读什么？读字形，读结构，读笔画，分析揣摩字的笔画特点及笔画间的相互关系。例如：我们读"中"字，要分析出"中"的一竖穿过了"口"的正中间，"口"字稍扁，竖的长度是横的长度的两倍。这就是读字形，读结构。不同字体，笔画具有不同特点。

第二步描摹。"描"指的是描红，即初学者在印好的红字帖上沿笔迹用蓝笔描写。"摹"指摹帖，即用透明纸覆在范字上，沿纸上的字影一笔一画地写，又叫写仿影。

第三步临帖。指把字帖置于一旁，看着字帖一字一字地写在作业纸上，这种方法有利于掌握字的笔法笔意，但不易掌握字的结构。

第四步背帖。指在临帖的基础上把字帖去掉，根据自己的记忆，回忆字帖上的字形，将其写在作业纸上的方法。这是练好字的关键一步，只有对所写的字精审细察，成竹在胸，才能下笔有神、准确无误。

第五步创作。在掌握了字帖上字的写法的基础上，触类旁通，悟出字帖上没有的字的写法。根据自己表情达意的需要，写出一段有中心、有内容、自成体系的文字，这就是创作。

如果能在平时的学习生活中写出一手与字帖接近的字,中学生练字的目的也就达到了。

三、学用结合,练写合一

有的同学练字的时候写得很好,但写作业的时候又瞎写一气,这样是永远练不好字的。练过的字平时用到了,应该写得像练时那样好,练一个用一个,在用中学,在学中用,学用结合才能练好字。

把汉字写好看的口诀

小小一点要点好,学会顿笔很重要;

横要平,竖要直,撇有锋,捺有脚;

提钩要尖折有角,行笔轻快要记牢;

认真练习功夫到,笔画健美字才好。

执笔姿势:

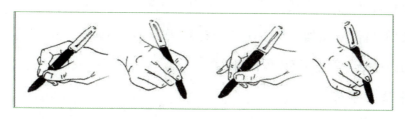

正确的执笔姿势:

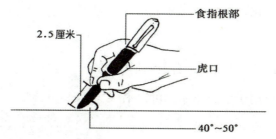

错误的执笔姿势:

正如人有不同的性格一样,每个人在书写文字时都会有不同的字体。不管使用哪种字体,都要遵循一定的章法布局来安排文字,按一定的书写技巧完成单个字体或通篇的练习,正所谓"不依规矩,不成方圆"。

书法的章法布局

如何理解书法中的章法，应该是一个全局性的大概念，它所涉及的面是很广的，如作品的款式、笔法的运用、字群的排列、线条和墨色、行间留白、上下款文措辞以及如何用印等，方方面面都要事先考虑到。艺术要给人以美感，书法艺术也不例外。如此众多的内容，要想一下子在章法的概念里安排得十全十美恐怕难以做到。事实上，章法如同兵法一样，不同的战役有不同的打法，不同款式的书法作品也有不同的章法要求，我们大不可以偏概全。

一、书法的幅式

硬笔书法的书写方式与毛笔近似，在书写形式上更为自由。毛笔书法幅式一般有条幅、横批、斗方、册页、手卷、楹联、匾额等等，硬笔书法所表现的也多为这些幅式，但多以微缩形式出现，还有从左到右、从上到下的横式、纵式排布。书法作品的内容，即正文，要题材新颖，健康高雅，具有时代感。如诗词、歌赋、对联、格言、佳句、散文等。书写内容的选择应与字体风格相协调。

二、书法的布局

1. 中国书法的章法布局、分行布白的规律伴随着时代的发展而变化，书写格式基本上有两种：

（1）纵式——传统的书写格式，自上而下、从右至左分行布白，应用于书法作品。可以书写繁体字。（如图 1 所示）

（2）横式——现代的书写格式，自左而右、从上至下分行布白，应用于实用书写。要求书写简化字。

2. 横写形式的基本要求有以下几点：

字距宜小，行距宜大，行间要清楚，每字不能写到顶，顶部留空 1/4~1/5；字的底部可

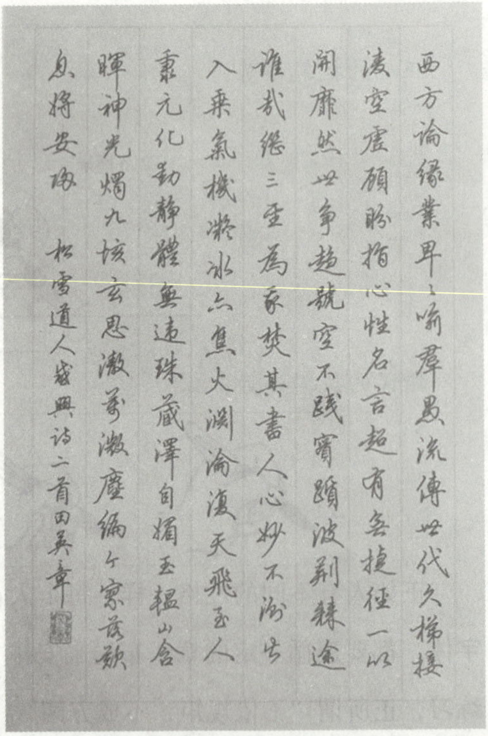

图 1　纵式

以稍微贴近底线；通篇字体前后一致；注意字体之间的意连，贯通气势。（如图2所示）

3. 通常硬笔字整篇书写的布局形式有四种情况：

（1）有行有格：注意每个字都要落在格的十字中心，可略为降低一点，字的大小要均匀。（如图3所示）

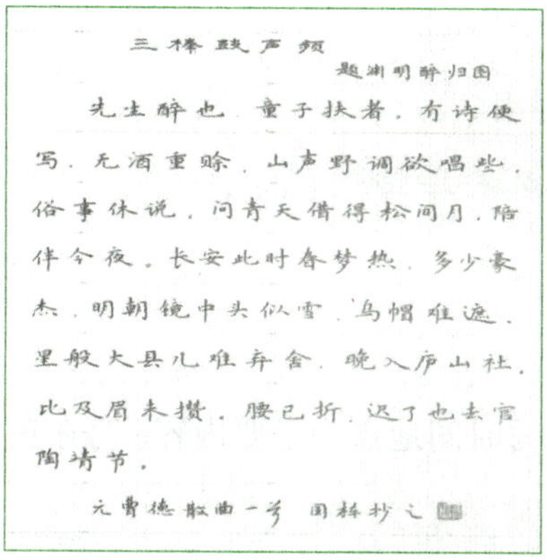

图2　横式

图3　有行有格

（2）有行无格：这种形式中各字的大小可以有差异，不强求字字均匀，略有参差，但不可差异过大。（如图4所示）

（3）无行无格：这种形式可以较充分地显示个人风格，表现个人喜好，字体大小参差，错落有致。（如图2所示）

（4）竖行形式：在作品中要注意各字竖线重心的连贯与垂直。（如图1所示）

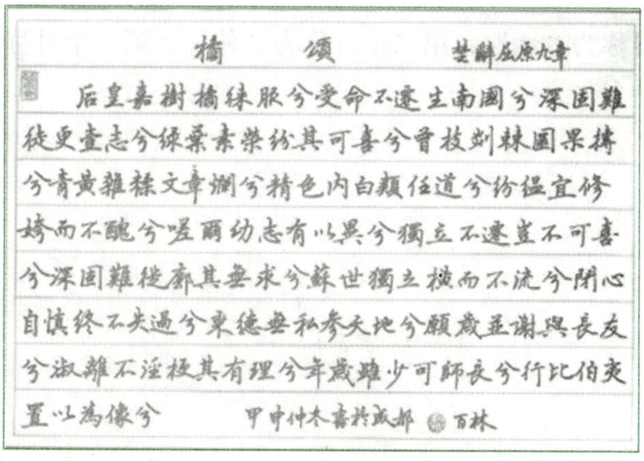

图4

温馨提示：在你遇到无格无行的白纸要写整篇字的时候，可以有两种办法帮助你：一是用一张有行有格的纸放在下面，照着行格的影子写，这种方法适用于比较薄能透光的纸；二是轻轻用铅笔画线，写完后擦掉铅笔线。

三、落款

1. 落款的内容：

（1）注明正文的出处，即诗文的作者和诗文的名称。

（2）受书者的名字＋称呼＋谦辞。

（3）书写时间。可用公历或农历，但不能混用。

（4）书写者姓名、字号等。

（5）书写者对正文发表的感慨或议论等。

2. 落款的种类：

（1）单款：是以正文出处、书写者姓名、书写时间地点为主要内容。写在正文左侧，也称"下款"。

（2）双款：有上下款之分。上款在正文右侧上方，下款则为单款。

（3）穷款：只题书写者的姓名。

3. 落款的时间：

落款的时间可以写公历或农历。公历是用数字纪年法，如二〇〇二年夏；农历是用天干地支纪年法，如壬午年孟夏。

在落款时，应注意公历与农历的时间不能混用。落款的时间，也有一些特殊的称法，每个季度的第一个月称为"孟"，第二个月称为"仲"，第三个月称为"季"。

附　录
诗文的朗诵技巧

诗文的朗诵技巧（一）
——理解作品　把握基调

　　朗诵就是运用标准清晰的普通话语音，有感情、有技巧地读书，把无声的文字符号转变为有声语言的一种语言表达的再创作的艺术活动。

　　朗诵必须做到：理解作品、具体感受、形之于声、及于受众。

　　欲"动口"先"动脑"。技巧运用是"末"，阅读理解是"本"。要朗诵好一首作品，必先理解它，只有理解作品的意思，才能定准基调，读得抑扬顿挫、轻重缓急，才能有韵味。

一、了解背景

　　背景包括写作背景和作者背景。背景是作品解读的有效依托，也是朗诵者通达作者内心世界的可靠向导。

　　如《再别康桥》，只有了解徐志摩对康桥的情感情结，才能理解他1928年故地重游后心潮难平而写下的这首传世之作。这就找到了这首诗的情感——再也回不去的惆怅。它的基调：深沉、内敛，语调婉约不纵。

二、理解诗文的意思

　　诗歌通过高度的语言概括，深刻地表达了人类的情感。对诗意较浓的佳作，不能停留在表层意义的理解上，更不能望文生义。

　　如《苔》："白日不到处，青春恰自来。苔花如米小，也学牡丹开。"

　　大意是苔藓自是低级植物，多寄生于阴暗潮湿之处，可它也有自己的生命本能和生活意向，并不会因环境的恶劣而丧失生发的勇气。

只有理解诗意，才能读出大自然生生不息及生命的蓬勃与顽强的意蕴。

三、分析层次，找出最高点

艺术都是讲究结构的。诗歌本质上是简约的，篇章内部结构关系往往体现了内部语义的关系。

如《乡愁》共四层，正是前面"邮票""船票"和"坟墓"的层层铺垫，才到达第四层感情的最高点——"一湾浅浅的海峡"，在此抒情到达了高潮，把诗人的万千感怀、浓浓的思乡之情表达了出来。

四、倾注感情，定准基调

"情感是君王"，只有对情感准确地把握，才能定准基调。唱歌有音调，绘画有色调，说话有腔调，朗诵是语言的"歌唱"、声音的"绘画"、灵魂的"说话"。基调，是作品的总的态度情感，总的色彩和分量。基调出错，全篇走样。

基调大体分为：悲哀、快乐、高昂、低沉。

如《沁园春·雪》，基调豪迈奔放、大气磅礴；《一棵开花的树》则是伤感、惆怅、绝望的。

古诗文的感情层次比现代诗文丰富，一定要倾注感情，不要见字出声。越短小的诗，越要把握好情感，读出诗味。如李白的《静夜思》，情感是惆怅、忧伤的，应用低沉的语调朗诵。

五、联想想象，情景再现

朗诵，是让"躺"着的每一个文字"站"起来，变成千姿百态的艺术天使，去敲击人们的心扉，这要靠联想和想象以及情景再现的能力。诗文中的人物、时间、情节、场面、景物、情绪，在朗诵者的脑海里形成连续的活动画面，把感受到的表达出去，让受众也感受到。

如朗诵马致远的小令《天净沙·秋思》，要尽量展现出秋天历历在目的萧瑟及游子在外的无尽的忧伤和落寞的情绪。

诗文的朗诵技巧（二）
——吐字的技巧

普通话的声、韵、调是朗诵最基本的环节，没有这个基本功，其他的都是空中楼阁。朗诵者吐字应准确、清晰、圆润、通透、洪亮。

发音要领：

一、出字——字头有力，叨住弹出。

"叨"是指声母成阻部位，要用巧劲儿，"叨字如叨虎"，不能过松或者过紧。"弹出"是指声母除阻要轻捷。

二、立字——字腹饱满，拉开立起。

"字腹饱满"，指音节中的主要元音发音清晰、共鸣充分，字音随着口腔的由闭到开好像"立"了起来，因而又称"立字"。"拉开"，指字头"弹出"后迅速打开口腔，使气流在口腔内形成较丰富的共鸣，口腔开度要大，应有竖着展开的感觉。"立起"，指主要元音的发音要占据足够的时间，响亮、圆润，在听感上形成字音立起来的饱满感。

字腹的发音是在滑动中完成的，其发音动作也要在本音位范围内做轻微移动，不可僵死不变。

三、归音——字尾归音，趋向鲜明。

归音是发完韵腹向韵尾过渡的过程。字尾处于音节的末端，是发音过程中力度逐渐放松、气息逐渐减弱、口型逐渐闭合、声音逐渐停止的阶段。归音时，要干净利落、不拖沓。"趋向鲜明"，首先是指唇舌动作要"到位"，如：韵尾 u，唇型应收圆；韵尾 n，舌尖要收到上齿龈并阻住口腔通道，鼻音一出立即收声。

四、吐字的整体处理——"枣核形"

字头、字腹、字尾三部分构成了字音的整体，很多语言大师形象地将其描述为"枣核形"。这个"枣核形"以声母和韵头组成的音节的开头为枣核一端，韵尾为另一端，以响亮清晰的韵腹为核心部分，就像一个枣核鼓起的中间部分。

整个音节的发音过程，是一个连贯的整体。"前音轻短后音重，两音相连猛一碰"，说的就是音节发音的要领。如"鞭" ⓑⓘ–ⓐ–ⓝ，要把声母、韵头、韵腹、韵尾读到位。

但是在语言表达中，"枣核形"应有所变化，拉长或缩短，这样才有助于思想感情的传达。

五、认真练习读音，重视声调的练习。

阴阳上去一定要读到位。特别是上声的朗读，朗诵中，上声的变化，会收到意想不到的效果。在读词语时要带着感情去读。如四字词组"祖国伟大"，要读出对祖国的热爱和自豪感。

六、吐字的变化

诵读界老前辈齐越老师说朗诵要："无一字无依据，无一言无变化。"吐字变化充分说明这一点。

如"枯藤老树昏鸦"，朗诵时，三个词的音要各有侧重。"枯藤"重音放在"藤"上，把韵腹拉开，如果突出"枯"字也可以，那么后面就要有所变化。变化不是一成不变的，但是必须有依据。"老树"重音放在"老"字上。前两个词都有变化重音了，第三个词"昏鸦"就要往里收一收，吐字放松，可以用虚声。

"古道西风瘦马"中的"马"可读成一个夸张的上声，将字腹充分拉开，然后字尾归音到位，用一股气息去支撑，这句话就很立体了，古文的韵味也就自然流露，让听众在听感上形成共鸣。

总之，朗诵中吐字要时而松时而紧，时而拉长时而又收回，充满变化。这需要细心揣摩，刻苦训练。

诗文的朗诵技巧（三）
——变化

朗诵一个大的原则就是"穷尽一切变化形式"。"变化"是绝对的，"不变"是相对的。

一、语调的变化

平直调一般用来表达陈述语气，朗诵时始终平直舒缓，没有显著的高低变化。

如：从明天起，做一个幸福的人。

高升调一般用来表示疑问、反问、惊讶、命令、号召、呼唤等语气，朗诵时注意前低后高，语气逐渐上扬，句尾达到最高。

如：啊！小桥呢？它躲起来了？（惊奇）

降抑调一般用在感叹句、祈使句或表示坚决、自信、赞扬、祝愿等感情的句子里，朗读时注意调子逐渐由高往低降，句末的音节或结构要读得低沉而短促。

如：我越来越深刻地感到谁是我们最可爱的人！

曲折调一般用于表达复杂的情绪或隐晦的感情，时常用来表现幽默、讽刺、含蓄、夸张、惊讶、双关等复杂的情绪，朗读时语调升降间隔、有起伏感。

如：爬出来吧，给你自由！

二、停连的变化

停连是指朗诵过程中声音的"停顿"和"延续"。这一方面是生理的需要，另一方面是情感的需要。以情感需要为重，标点符号只是参考，情到深处，往往变化无定，长短由之。

如：大陆 /// 在 // 那头。（/// 停顿最长，// 相对长，/ 最短）

三、虚实的变化

朗诵时，不要一直用自己的中高音去诵读，一定要将"虚声、送气、向下走"所形成的语势贯穿于朗诵当中，仔细体会文稿，感觉到字里行间游走着的情感。

如《长江之歌》中"你从远古走来"可用虚声，"你向未来奔去"可用实声。

这样虚实声交错，就较好地把这一来一去的时间之长、空间之宽阔表现了出来。

四、高低变化

这种变化方式与虚实变化是如影随形的，一般情况之下，实声用的是中高音与高音，虚声用的是中低音与低音。高低虚实都要达到极致，切不可中庸。声音高低的变化使前后语流如同浪涛一般上下起伏，语言也随之活色生香

如："曾记否，到中流击水，浪遏飞舟？""浪遏飞舟"要扬上去，当然也可以降下来，但前面要有所变化。

如果是两人以上的群诵，要记住四个字"高接低迎"，搭档是强收的，你就弱接，搭档是弱收的，你就强起，这样就形成流水之势。

五、快慢变化

快慢变化的一般规律是：快慢要交错，变化要突然。如三句的排比句的变化方法：普通速度——快——最快——停——慢下来。

例：陌生人我也为你祝福（普通速度），愿你有一个灿烂的前程（快），愿你有情人终成眷属（不停顿最快），愿你在尘世（停歇）获得幸福（慢）。

六、回环往复

回环往复也是很重要的技巧，但它不是机械地叠加，而是情绪的延展。尤其在末尾使用，会使得朗诵回味无穷。

如《相信未来》最后一句："相信未来，热爱生命。"可反复两三遍，但反复中要有变化。

如果是两人以上合作，特别是几个人对于一句的回环往复的朗读，形成叠声，这样就会收到变化多端，却又浑然一体的效果。

总之，朗诵的诀窍就是八个字："抑、扬、顿、挫、轻、重、缓、急。"

参考文献

[1] 周振甫．周易译注 [M]．北京：中华书局，1991．

[2] 李捷，梁海明．中华传世名著精华丛书·老子 [M]．太原：山西古籍出版社，1999．

[3] 陈绍敏．中华传统文化经典文库·庄子 [M]．北京：中国致公出版社，2003．

[4] 王国维．一个人的书房 [M]．北京：中国华侨出版社，2016．

[5] 林语堂．林语堂讲国学 [M]．长春：吉林人民出版社，2009．

[6] 杨殿奎，夏广州，林治金．古代文化常识 [M]．济南：山东教育出版社，1983．

[7] 吕坤．呻吟语 [M]．哈尔滨：北方文艺出版社，2016．

[8] 刘义庆，等．世说新语 [M] // 朱碧莲，沈海波，注译．北京：中华书局，2014．

[9] 林清玄．林情玄散文自选集（少年版）[M]．石家庄：河北教育出版社，2010．

[10] 汪国真．汪国真诗文经典 [M]．南宁：广西人民出版社，2002．

[11] 顾青．唐诗三百首 [M]．北京：中华书局出版，2012．

[12] 吕明涛，谷学彝．宋词三百首 [M]．北京：中华书局出版，2012．

[13] 小雨．人生格言录 [M]．北京：金城出版社，2003．

[14]．方军．世界上最成功的 50 条管理经验 [M]．北京：中国华侨出版社，2002．

[15] 陆澄．诗歌朗诵艺术 [M]．上海：上海人民出版社，2009．

[16] 曹昭．普通话水平指导用书（河北版）[M]．北京：商务印书馆，2012．

后　记

　　掩卷长思，一任遐想纷纭。从着草履的《离骚》中，闻到江畔香草的芬芳；从穿布褐的《诗经》中，看到稼穑农桑的身影。五千年的漫漫时空，黄色的风吹拂着古东方人类文明的遗址。挟剑踏歌的先人，秉烛夜读的志士，仗义济贫的豪杰，叱咤风云的英烈，他们都各有自己的人生哲学和崇高信念，他们和他们所创造的比生命更高的一切，都是献给人类的瑰丽财富，而经典就是这种财富的忠实载体。

　　初读如逢故友，重读似遇新人。经典的每一次重读都好像是初读，而每一次初读又好像是重温。为便于学生诵读经典、书写经典，我们编写了《诵读与书写》这本教材，让一代代的中专生聆听中华的黄钟大吕，沐浴经典的和风细雨，传承文明，茁壮成长。

　　希望这本教材能够带来独秀校园的琅琅书声，与渤海的阵阵涛声和燕山的朗润清辉相映成趣，嘤嘤成韵。

李　洋